Juan Ramón Jiménez y las drogas

Primera edición, mayo de 2025

El Desvelo Ediciones
Javier Fernández Rubio, director

Editorial Almuzara, S. L.
Parque Logístico de Córdoba
Ctra. Palma del Río, km 4
C/8, Nave L2, módulos 6-7, buzón 3
14005 - Córdoba
(+34) 957 467 081

eldesvelo.es
almuzaralibros.com
eldesvelo@almuzaralibros

Imagen de cubierta, Joaquín Sorolla y Bastida,
Retrato de Juan Ramón Jiménez, 1932, Hispanic Society of America

ISBN: 978-84-129509-8-4
IBIC: DNF; BGL; MMZR1
THEMA: DNB; JBFN2
Depósito Legal: CO 527-2025
Impreso en España-Printed in Spain

FSC
www.fsc.org
FSC® C017006
La marca de la gestión forestal responsable

Este libro ha sido impreso en papel Holmen, el cual dispone del certificado de gestión forestal responsable FSC que garantiza una producción respetuosa con el medio ambiente.

Jonás Sánchez Pedrero

Juan Ramón Jiménez y las drogas

La influencia de los fármacos en la vida y obra del poeta de Moguer

El Desvelo
Ediciones

LA ENFERMEDAD SIN NOMBRE Y EL INNOMBRABLE REMEDIO

La condición de enfermo hipersensible de Juan Ramón Jiménez ha despertado curiosidad en muchos investigadores sin llegar a ser tenida en cuenta en lo que de verdad importa, la relación con su obra. Así lo señalan Mercedes Juliá y María Ángeles Sanz Manzano que a «la enfermedad del escritor (...) no se le ha prestado la atención debida al evaluar su obra»[1], aventurando incluso un diagnóstico de trastorno bipolar, desconocido en aquellos años. Por su parte, el psicólogo Javier Andrés García Castro[2] concluye que el poeta padeció un trastorno mental compatible con la depresión melancólica. Incluso el escritor Antonio Orejudo lo retrató burlonamente como un maniático del orden y el silencio en la novela *Fabulosas narraciones por historias*[3].

Fuera lo que fuese que padeciera el poeta, el mapa de la enfermedad mental, a diferencia de lo que ocurre con enfermedades físicas o víricas, no tiene ni mucho menos una correspondencia exacta, y a menudo las dolencias del alma encuentran un acomodo problemático en el listado de trastornos que las autoridades psiquiátricas han ido ampliando con los años. Lo que sí sabemos es que la hipocondría de Juan Ramón le llevó a frecuentar

1. En la introducción a *Vida* (Pre-Textos, 2014).
2. «Psicopatología y espiritualidad en la vida y obra de Juan Ramón Jiménez» (Universidad de Murcia, 2017), citado por Jonás Sánchez Pedrero.
3. Tusquets, 2007.

a numerosos doctores y muchos de ellos lo catalogaron como neurasténico, un término hoy en desuso que servía para nombrar el agotamiento del sistema nervioso. Sobre lo que no hay duda es que Juan Ramón luchó toda la vida contra una «enfermedad sin nombre», que si no tenía fundamento real acabó por tenerlo, tal y como los fantasmas existen si creemos en ellos.

Qué misterio angustiante una enfermedad sin nombre, para él, que invocaba a la *intelijencia* para que le diera el nombre *esacto* de las cosas.

En este libro, Jonás Sánchez Pedrero aborda el asunto en sentido inverso y por un camino menos incierto: en lugar de indagar acerca de la enfermedad se centra en los fármacos que el poeta tomó para remediar sus malestares. Los fármacos, con sus efectos principales y sus no menos determinantes efectos secundarios, y el rastro que han dejado tanto en su vida como en su obra. Entre estos fármacos sobresalen dos: el láudano y los «papelillos» de Vivas Pérez. La tintura de opio cubre el amplio espectro de las dolencias de Juan Ramón: la depresión, la irritación, la colitis y el catarro; y los papelillos de Vivas Pérez ayudan a contener la diarrea, que suele provocar la abstinencia opiácea.

Desde temprana edad el poeta se familiarizó con el láudano. En el comienzo de su noviazgo con Zenobia Camprubí, ésta se muestra preocupada por el uso que hace del opio para combatir el insomnio. Jonás Sánchez Pedrero apunta la posibilidad de que la enfermedad no fuera más que fruto de las medicaciones y contramedicaciones que unos y otros médicos le recetaban para calmar su hipocondría y su estado de nervios. Los efectos secundarios y los principales se van solapando en resacas medicamentosas que trastornan el ánimo del poeta, sumiéndolo en estados depresivos entreverados por momentos de euforia.

Otra de las conclusiones que se desprenden del estudio pormenorizado de la botica juanramoniana es la posibilidad más que probable de que el autor de *Platero y yo* hubiera desarrollado un hábito al opio, pero mal llevado. De ser así no serían pocas las páginas alumbradas bajo el estímulo de la Papaver somniferum, esa euforia tranquila y vegetal que proporciona su alcaloide.

Cuando se revisa una vida como la de Juan Ramón Jiménez desde la perspectiva médica no es fácil sustraerse a la especulación acerca de sus dolencias: colitis, migraña, insomnio, depresión... Un cuadro clínico que coincide con el síndrome de abstinencia del opio y cuyos síntomas se calman con la ingesta del mismo. A su vez, cuando uno repasa los apuntes autobiográficos en los que el poeta se jacta de no fumar, no beber vino y odiar el café, uno acaba por entender que la infelicidad del poeta se debió en gran parte a tener una relación perturbada con el placer y el dolor, que lo hacía buscar la embriaguez con el subterfugio de la prescripción médica. Por un lado, hace méritos para estar sano, defendiendo un «arte natural» lejos de estímulos «artificiales», por otro, se enferma para alcanzar el bienestar que le procuran las drogas prescritas como fármacos terapéuticos, pero proscritas como estimulantes recreativos. Un círculo vicioso, más común de lo que podamos creer, porque la vida medicada de Juan Ramón es, más allá de su singularidad artística, un buen ejemplo de la insana relación con el placer y con el dolor que hemos heredado de una moral judeocristiana que valora espiritualmente el sufrimiento y desconfía de los placeres mundanos.

Dada la hipersensibilidad de Juan Ramón, su intolerancia al ruido y a los olores fuertes, y su impaciencia ante la falta de concentración, el opio y sus derivados le permitirían sin duda poner el foco sin distracciones en su exigente escritura. Es posible que, por un prurito higienista, Juan Ramón se envenenara la vida adulterando con fármacos recetados su querencia por el opio. Más le habría valido, al menos en sus últimos años, entregarse a un hábito controlado que estar sometiendo su cuerpo a constantes pruebas de nuevos o viejos medicamentos. La maldición del opio obliga a un ejercicio de voluntad para mantener a raya la tolerancia y evitar la dependencia, un sacrificio llevadero que consiste en medir bien las dosis, en espaciar las tomas y manejarse con sobriedad, cuidándose de los excesos que pueden conducir a una muerte por sobredosis. Por eso los chinos aconsejaban no probar el opio en la juventud, hacerlo en la madurez y abusar en la vejez. Estoy seguro de que atender este consejo habría permitido al poeta una vida más feliz y menos torturada que bajo la condena de esa enfermedad sin nombre, que confundía el síndrome de abstinencia con un ascetismo virtuoso y, por miedo a la ebriedad sin tino, se prestaba a la incómoda resaca de la sobremedicación.

Las drogas nos han acompañado desde antes de conformarnos como especie, modulan nuestra conciencia y modifican nuestro estado de ánimo, permitiendo una mejor adaptación al mundo que nos rodea. Dada la importancia que tienen en nuestra existencia, la moral se ha encargado de controlarlas, estableciendo usos y sustancias pertinentes y proscribiendo aquellas que puedan hacer incontrolables a los usuarios. La historia de las drogas muestra la secular tensión entre el poder y la libertad personal, una guerra moral que en el último siglo se ha visto agravada por la prohibición legal de determinadas sustancias. Pero ni la moral ni la prohibición han conseguido sus propósitos de acabar con las drogas. Todo lo contrario. Nuestra naturaleza necesita de la ebriedad, y el ingenio humano burlará cuantas alambradas tienda el poder para negar el acceso a las sustancias embriagantes, aunque crecer en un sistema represivo genere perturbaciones y serios trastornos, miedos y culpas paralizantes. Juan Ramón, como impaciente paciente hipocondríaco, ejemplifica el desastre de confiar la salud a la autoridad médica y autoengañarse para cumplir con la moral establecida.

En las páginas que siguen, Jonás Sánchez Pedrero tiene el mérito de hacer visible lo invisible en la vida del Nobel onubense. La labor investigadora de este escritor y músico extremeño, bibliotecario en Hervás, no se queda reducida a un solo autor; como saben los lectores de la revista *Cáñamo*, Jonás lleva siete años dando cuenta de las relaciones a veces torturadas, a veces felices, de grandes escritores con las drogas. Empezó con un artículo sobre Juan Ramón Jiménez y los opiáceos —que no fue muy del gusto de la Fundación que vela por el legado del moguereño, todo sea dicho— y continuó revisando biografías y obras completas a la búsqueda de elucidar los usos psicotrópicos y literarios de Juan Goytisolo, Rafael Chirbes, Leopoldo María Panero, Francisco Nieva, Julio

Cortázar, Pablo Neruda, Ramón María del Valle-Inclán, Benito Pérez Galdós, Rafael Sánchez Ferlosio, Francisco Umbral, Ramón Gómez de la Serna, Ramón J. Sender, Pío Baroja, Ramón y Cajal, Luis Buñuel, Miguel Ángel Velasco, Eduardo Haro-Ibars... Algunos pensarán que demostrar la importancia de las sustancias psicoactivas en la vida y en la obra de estos escritores es una labor impúdica, pero los que creemos que la ebriedad forma parte de la experiencia humana y luchamos por normalizar y racionalizar su uso, no podemos más que estarle agradecidos por su empeño en sacar del armario psicoactivo a los ilustres moradores del parnaso español del siglo XX.

FIDEL MORENO

Diagnóstico certero —Juan Ramón está enfermo de tristeza—; certero, pero incompleto: ¿Cuál es la causa de esa tristeza enfermiza? Una pregunta nunca contestada satisfactoriamente.

Ricardo Gullón

No queda más remedio que abordar un tema poco claro: la enfermedad del poeta. De creerle, fue un perpetuo enfermo, aunque la verdad es que su salud física era bastante buena y sobrepasó los setenta y seis años de edad.

Arturo del Villar

Enfermedad sin nombre,
que sólo yo conozco,
me come el alma triste hasta la vida,
y me reclama el sueño artificial.

Juan Ramón Jiménez

INTRODUCCIÓN

Bajo el título de *Juan Ramón Jiménez y las drogas*, he tratado de condensar más de quince años de lectura e indagación sobre la obra del poeta de Moguer, recogiendo aquellos pasajes que tuvieran que ver con los distintos tratamientos médicos que recibió a lo largo de su vida que pudieran aportar algo de luz sobre su manida «enfermedad» sin nombre.

Juan Ramón Jiménez fue un hombre nacido para la poesía, de una hipersensibilidad consustancial, extraordinaria, que recibió a lo largo de su vida innumerables terapias, algunas de ellas con innegables (por inevitables) repercusiones sobre su salud y también sobre su obra, en una relación no estudiada con la profundidad que hubiera sido deseable.

Para la Organización Mundial de la Salud el término «droga» se define como «toda sustancia con potencial para prevenir o curar una enfermedad[4]». Por eso, pese a las connotaciones peyorativas que suele asignarle el acervo popular de hoy, es, sin embargo, una palabra pertinente. Si acudimos a la entrada de Wikipedia encontramos que para algunos autores «este término también se utiliza en el ámbito de la farmacología, como sinónimo de «principio activo» o fármaco, tal como refleja la definición de la OMS». El diccionario de la Real Academia de la Lengua define «droga» como «sustancia o preparado

4. https://es.wikipedia.org/wiki/Droga

medicamentoso de efecto estimulante, deprimente, narcótico o alucinógeno». Otra de sus acepciones es más rotunda: «medicamento» que funciona como sinónimo de medicina, fármaco y específico. Concepto amplio, en cualquier caso, que puede aplicarse con vehemencia para referirnos a la farmacopea consumida a lo largo de su vida por el poeta de Moguer.

Por otro lado, el diccionario de la RAE define el verbo «medicar» como un verbo transitivo que proviene del término latino *medicāre* que significa: Administrar o prescribir medicinas. Por eso, tampoco sería descabellado adjetivar al poeta de «medicado», ya que le convierte en el sujeto sobre el que recae esa administración/prescripción.

A menudo al poeta se le aplicó el diagnóstico de neurótico o neurasténico[5], por lo que conviene recordar que el término era aplicado a todo tipo de patologías de origen psicodepresivo sin raíz fisiológica clara.

George M. Beard (1839-1883) fue quien estableció que dicho concepto servía para describir un «agotamiento del sistema nervioso», cuyo diagnóstico se realizaba en presencia de síntomas como malestar general, falta de apetito, fatiga continua, insomnio, hipocondría, abandono de actividades laborales o cotidianas, dolor de cabeza y mareos, y en ausencia de pruebas que demostraran una patología orgánica. [...] La neurastenia[6] sirvió en su mo-

5. La «neurastenia» como término se popularizó en 1869. Jay, 2024. p. 36.
6. El especialista en la materia Alberto Castoldi en su libro *El texto drogado: dos siglos de droga y literatura* escribe que «Mantegazza resume en «irritación, trastorno y debilidad» los tres elementos característicos de la neurastenia [...]. El consumo de droga aparece sobre el fondo de esta neurosis de la época como causa o consecuencia, pero en cualquier

mento para diagnosticar pacientes que era posible identificar en siglos anteriores con las melancolías simples y, en posteriores, con las neurosis depresivas[7]». Una designación, como vemos, un tanto laxa que funcionaba como eufemismo de patologías inciertas.

Un inventario descriptivo casi hecho a la medida del poeta de Moguer, si añadiéramos a la ecuación otras señales como fiebre leve, irritabilidad, colitis, moqueo, estornudo y escalofríos.

Estas definiciones de la sintomatología neurasténica, también llamadas neurosis o neuritis, habrán de tomarse como premisas por el lector crítico a la hora de seguir la lectura de la correspondencia del poeta, así como los diarios y epistolarios de Zenobia.

Cabe señalar que autores como Hans-George Behr han afirmado que «la investigación del papel de las drogas

---

caso como carácter distintivo del periodo, y al margen de las diversas justificaciones individuales [...]. Jules Claretie escribe en *Le Temps del 4 de octubre de 1881* que el número de los «borrachos de morfina» aumenta constantemente en un mundo «presa de la neurastenia». Castoldi, 1997, p. 118. «Los síntomas de la neurastenia podían variar considerablemente, pero solían incluir ansiedad, mareos, cefaleas, indigestión, episodios nerviosos, fatiga crónica, niebla mental, insomnio y disfunción eréctil». Jay, 2024. pp. 36-37. El ensayista Mike Jay es meridianamente claro a la hora de explicar cómo se trataba la neurastenia: «El vademécum del siglo XIX ya estaba bien nutrido de narcóticos y tranquilizantes: el opio, esa sustancia ya básica, estaba acompañada de su extracto puro y concentrado, la morfina, así como de vapores analgésicos como el éter y el cloroformo, y del hidrato de cloral, un compuesto sedante. Las combinaciones de estas drogas en medicamentos patentados, recetados por los médicos y de venta libre en las farmacias, eran de uso frecuente para tratar los síntomas neurasténicos como el agotamiento, la ansiedad y la sobrecarga de trabajo». Jay, 2024. p. 39.

7. García Castro, 2017. p. 47.

en el proceso artístico tropieza, además, con otras dificultades, entre las que cabe destacar el deseo de justificación y la compasión que suelen sentir los que juzgan la conducta de los artistas del pasado que, en muchas ocasiones, tratan de quitar importancia a su vicio». Al referir el caso de Goya señala que «los historiadores del arte achacan la tétrica desesperación de Los Caprichos, así como de los cuadros de la llamada *época negra* de Goya, a su enfermedad y a la amargura que le producían los acontecimientos y la situación política de su tiempo.

No cabe duda, sin embargo, de que el opio jugó una parte muy importante en el pesimismo tétrico del mundo imaginario de Goya, sobre todo si se tiene en cuenta que el láudano produce un efecto profundamente depresivo en los momentos de abstinencia, cosa que ya pudo advertirse en otros pintores[8]», citando los nombres de Gericault, Delacroix, Munch y Ensor, también adictos al opio.

García Castro, autor de una tesis sobre la psicopatología del poeta afirma que «hemos tratado de probar que padeció un trastorno mental compatible con la depresión melancólica. Sin embargo, es esta una cuestión abierta que no excluye otras posibilidades». Dicho estudio revela las conexiones que hay entre la obra y la espiritualidad del poeta. Y apunta como referencia el título *Drugs and mysticism* del psiquiatra Walter Pahnke. Relación que no se antoja gratuita[9].

---

8. Behr, 1981. p. 70.

9. García Castro, 2017, pp. 469 y 77. «[…] La repetida observación de que algunas enfermedades como la epilepsia y otros trastornos mentales como la psicosis se asocian con una mayor probabilidad de desarrollar experiencias místicas y, por otro lado, la provocación artificial de

También la pionera en el estudio de la vida y obra de Juan Ramón Jiménez, la puertorriqueña Graciela Palau de Nemes, afirmó que los distintos fármacos que le recetaban los médicos para sus distintas dolencias tuvieron un reflejo en su creación literaria[10].

experiencias similares a la experiencia mística, bien mediante estimulación eléctrica del cerebro, bien mediante el consumo de drogas enteógenas». García Castro, 2017, p. 132. «Y el filósofo Walter Terence Stace, respecto al parecido entre el efecto psíquico del consumo de drogas y la experiencia mística, afirmó: «no es que sea similar a la experiencia mística; es la experiencia mística». En García Castro, 2017. p. 136. Relación, por otra parte, que viene de antiguo; también en el mundo islámico donde ascetas o místicos «hicieron del hachís el medio para alcanzar la unión con Dios». Lozano, 1990. p. 37. Autores como W.B. Yeats, que tanto interesaron a Juan Ramón (como se trasluce por las citas textuales introducidas en sus poemarios, sus traducciones y los libros conservados en su biblioteca), experimentaron con ingestas de hachís y peyote, buscando encontrar experiencias reveladoras con sentido espiritual. Yeats, 2021. p. 281 y Jay, 2024. pp. 273-274. Para ampliar el conocimiento entre mística y drogas cabe acudir a los libros *La experiencia mística y los estados de conciencia* (VVAA, 1986) o *El sol salió anoche y me cantó: El experimento de Viernes Santo. Espiritualidad, ciencia y consciencia expandida*, de Juan Carlos Usó (El Desvelo, 2024).

10. Palau de Nemes, 1974. p. 392.

Cabría especificar que dentro de la gama de medicamentos con los que se trató el poeta estaba el láudano. Una medicina que por su eficacia fue de obligada tenencia en las farmacias españolas hasta 1977[11]. Su composición variaba dependiendo de la fórmula utilizada. No sabemos si Juan Ramón consumió a lo largo de su vida otro tipo de tinturas de opio, pero sí que, como veremos, empleó el láudano de Sydenham[12] que como norma solía tener un 1% de morfina[13].

Destacaría, de cara a que el lector se familiarice con los efectos que producen los opiáceos, que el ensueño y la fiebre son percepciones habituales entre sus consumidores. Una de las sensaciones que produce el alcaloide es una confusión entre vigilia y sueño[14]. Un estado de

---

11. Aguar, 1981. p. 127 y Escohotado, 1999. p. 374.

12. Thomas Sydenham (1624-1689) fue conocido como el Hipócrates inglés. Su láudano tenía un 10% de opio. En Escohotado, 1999. p. 377.

13. Escohotado, 1999. p. 414.

14. Quincey confiesa que «parecía surgir cierta simpatía entre los estados de vigilia y de sueño del cerebro en un particular: todo lo que invocaba y dibujaba sobre la oscuridad mediante un acto de la voluntad tendía a trasferirse a mis sueños [...], otros cambios que experimentaron mis sueños, vinieron acompañados de tan profunda ansiedad y lóbrega melancolía que son imposibles de comunicar con palabras. Me parecía cada noche descender, no en el sentido metafórico, sino literalmente descender, por simas y abismos desolados, hasta el fondo de los fondos, del que ya no esperaba volver a salir». En Quincey, 2006. p. 188. También confiesa el escritor inglés que «se revivían con frecuencia los más nimios incidentes de la niñez o escenas olvidadas de los años posteriores» Ibidem, p. 189. Una memoria que nutre gran parte de la obra literaria del poeta de Moguer.

ensoñación que algunos usuarios relacionan como el delirio imaginario de la fiebre.

Antonio Escohotado destaca, precisamente, «la ensoñación» entre sus experiencias opiáceas «donde se borran los límites entre despierto y durmiente; las fuentes que elaboran los sueños dejan de ser compartimentos cerrados, y o bien la conciencia se aguza hasta penetrar en esos dominios o bien lo subconsciente queda libre de ataduras. En cualquier caso, es algo tan insólito como estar soñando despierto, que comienza con la sensación de reposar sobre un punto intermedio, donde percibir e imaginar dejan de ser procesos separados[15]».

Otra premisa que conviene conocer son los efectos que el síndrome abstinencial de los opiáceos potencia y que se manifiesta con sudoración, moqueo y estornudo[16].

---

15. Escohotado, 1999, p. 1.202. Esta descripción tiene cierto paralelismo con la apuntada por Juan Ramón en su obra *Tiempo*: «La emoción de mi trabajo la tengo siempre, pero este no soñar dormido de algunas temporadas me parece como un castigo singular no merecido por mí». Jiménez, 2012b. p. 291. Cabe señalar que Antonio Escohotado, motejó «como un nuevo Juan Ramón Jiménez» a Miguel Ángel Velasco, cuya obra, *La miel salvaje* está trufada de referencias opiáceas. El propio Velasco declaró que «Clavel», de Juan Ramón Jiménez, era el poema «más psicodélico que conozco». Usó, 2001. pp. 62 y 64. El poema «El clavel» reza así: «Mi púrpura y una diosa se estasiaban en su idilio. / Pasaste por el jardín. / Y tus dedos distraídos / jugando con mi color, me arrancaron de mí mismo». Jiménez, 2006b. p. 66.
16. Antonio Escohotado en su imprescindible *Historia General de las Drogas* detalla que «interesa, pues, precisar las condiciones del síndrome de abstinencia en el opio, allí donde un consumo suficiente llega a producirlo [...]; habría que distinguir dos tipos de males: uno es cierta especie de gripe leve o grave (dependiendo del grado de acostumbramiento o nivel de dosis), y otro el trastorno general del ánimo. La especie de gripe se caracteriza por bostezos, sudoración, secreciones nasales, respiración agitada, temblores ocasionales, carne de gallina, calambres en las piernas y

Los diarios de Zenobia, así como los epistolarios, parecen ser la bitácora de un catarro trabado que dura sesenta años. El poeta, sin embargo nunca relaciona dichos estados que, como ya hemos visto, achaca a su precaria salud desde la infancia, sin apuntar siquiera a que su patología pudiera estar condicionada por la vía medicinal.

Antonio Escohotado escribe en su monumental *Historia General de las Drogas* que, en el caso del opio, «el síndrome abstinencial castiga al organismo en mucha mayor medida que el mantenimiento del hábito y, por tanto, que la depauperación física se mide mucho más por el número de síndromes [de abstinencia] que por el número de años de consumo[17]». Un dato que se antoja esencial para contextualizar la frágil salud del poeta a lo largo de su vida.

Llama la atención que ninguno de los muchos estudiosos de su obra —ni siquiera los médicos o psiquiatras— hayan apuntado las concomitancias de los posibles efectos secundarios (tristeza, arritmias, colitis, insomnio, irascibilidad...), que pueden ocurrir una vez retirado el tratamiento opiáceo, con la «enfermedad» de Juan Ramón.

La lectura de los voluminosos ensayos, publicados con motivo del 50 aniversario de la concesión del premio Nobel y de su muerte, evidencian un soslayo minucioso sobre los tratamientos médicos a los que fue sometido, donde la palabra *opio* brilla por su ausencia en las más de seiscientas páginas de cada volumen[18].

El poeta no suele relacionar su precaria salud a los

---

retortijones». Escohotado, 1999. pp. 1.200-1.201.

17. Escohotado, 1999. p. 1.201.

18. Blasco, 2009 y VVAAa, 2006.

químicos que le procuran por vía medicinal, quizá por acostumbrado a su uso desde una temprana edad.

Escohotado también incide en que, con dosis leves y medias del alcaloide, sus efectos pueden «irritar más de lo común intromisiones, ruidos y actitudes de otros[19]».

El consumo de opio, en forma de láudano (tintura de opio diluida en alcohol, con frecuencia vino), no sólo era muy corriente para todo tipo de dolencias durante el siglo XIX, sino que el propio poeta nos habla de la presencia del alcaloide en su casa cuando escribe «mi madre despertó, de su sopor de láudano, alzó los ojos a la puerta y nos llamó[20]».

Al uso cotidiano del láudano por parte del poeta apunta el testimonio del periodista colombiano Germán Arciniegas quien refería un encuentro a mediados del siglo XX con el poeta de Moguer en Washington. Cita que tendría lugar durante la estancia de Juan Ramón en dicha ciudad (1942-1945). Arciniegas había tenido que cancelar su primera visita porque se le había presentado la oportunidad de comer en un festival campestre[21]:

> Juan Ramón insistió en que almorzara con él. Le expliqué mi situación y me dijo: La única parte donde puede usted almorzar es mi casa. Usted olvida que lo que yo

19. Escohotado, 1999. p. 1.203.
20. Jiménez, 1969. p. 1.199.
21. «Todo lo que hay de conocido y desconocido en el mundo submarino», y enumeraba con delectación «langostas, cangrejos, pulpos, ostras, langostinos, calamares y cuanto la industria pesquera saca del fondo del océano, lo habían llevado a unas mesas que parecían el más fabuloso mercado de un país de pescadores». Por lo que «llegaba a Washington sin disposición para tomarme un consomé».

> soy es un médico. Voy a prepararle yo mismo lo único que puede devolverle la salud. Véngase tranquilo .
>
> La invitación de Juan Ramón se volvió casi una orden médica. Hablaba con una seguridad absoluta. Y le creí.
>
> No había ninguna exageración en lo que dijo. Lo que me tenía era una sopa de arroz muy simple y tal vez unas gotas de láudano. Le obedecí sin chistar. No he tenido otra experiencia médica mejor.

Juan Ramón sabe, sin embargo, que la fiebre le viene bien a su trabajo:

> Hoy, J.R., que se ha negado a dejar de trabajar, ha llegado a asegurarme que un poco de fiebre ayuda a aclarar la mente[22].

Esa interacción de la fiebre se evidencia en algunos de los aforismos de *La colina de los chopos* como cuando escribe «sintamos respirar tranquilo al tiempo, contra el pecho de la tierra; no con fiebres ni alteraciones[23]». Aquí la conexión fiebre-creación, parece clara, pero lo es más cuando el poeta decide desvincularse de los escritores que necesitan un estímulo externo que, por otro lado, formaban parte de sus influencias[24] literarias:

---

22. Camprubí, 2, 2006, pp. 295-296.
23. Jiménez, 1969, p. 958.
24. Como sabemos por los autores leídos y anotados en los libros conservados de su biblioteca, gracias al excelente trabajo de Soledad González Ródenas titulado *Juan Ramón Jiménez a través de su biblioteca*, Poe, Yeats, Shelley, Verlaine y Baudelaire son algunos autores de referencia para el poeta y todos ellos accedieron a los «paraísos artificiales». Paraísos que, por otro parte, no tienen nada de artificial como demostró Jonathan Ott en su imprescindible

> Arte «natural»; la creación estética no debe forzarse con estímulo físico o intelectual —café, lugar, lecturas, tabaco, vino, viajes, opio, hora—; debe ser producto espotáneo del despejado vivir corriente[25].

La «fiebre» acompaña al poeta desde sus primeras creaciones:

> La fiebre quema mi cuerpo en presencia de estas dulces rosas blancas, entre la brisa nocturna y penetrante de la sombra del jardín. [...] Pero la fiebre arde en mi cuerpo dolorido y de todo lo que me rodea no puedo llevarme al sueño más que esta melancolía joven, pobre enfermedad de veintitrés años a la claridad celeste de la luna nueva, a este llorar de agua sobre agua, a este encanto de viento crepuscular dentro de los árboles.

En el año 1903, justo cuando el poeta tiene la edad referida, es cuando anota en su *Diario íntimo* que toma opio a menudo.

Juan Ramón, en una de sus prosas más crípticas, hace una descripción que titula *La desagradable* con prudentes evocaciones a una «medicina fea»:

> De pronto, abre leve y agudas flores estrañas de agrado y desagrado, que uno no sabe dónde tienen las raíces. Gusta o abre las carnes como un dulce de otro planeta o

---

Pharmacophilia o los paraísos naturales. Ott, 1998. pp. 11-28.

25. Jiménez, 1969. p. 942. Hoy, a sabiendas, este aforismo se antoja broma.

como una medicina fea. No sé qué curvas o qué ángulos le salen en su línea jeneral, ni de qué fondo le vienen. Son instantes de bienestar y malestar que ella mezcla como en el frío y el calor de una fiebre leve.

[...] Es el agridulce de un limón, pero de un limón que no es de aquí. Piensa uno de pronto en una raza de otro espíritu más que de otra forma. Tiene cosas por el estilo de la mía. Pero una cosa leve, que no sé qué es ni entiendo, aguda e incojible, puede con las noventa y nueve de los dos[26].

La inhibición de la concupiscencia de los variados sedantes y alcaloides que tomó ha de tenerse en cuenta para analizar con perspectiva la idealización de la mujer tan presente en la obra de Juan Ramón y que lleva a una abnegada Zenobia a escribir el 14 de noviembre de 1938 en su diario: «Me está pareciendo muy obvio que J.R y yo tenemos gustos muy distintos en esta vida. Ya ni la naturaleza nos une[27]», Zenobia tiene 51 años, Juan Ramón, 57. Algo que, por otra parte, no le impedía tener una vida sentimental colmada. En palabras de María Lejárraga, el poeta llenaba su vida «con sueños inefables que tomaban como trampolín para el salto al infinito las figuras de cuanta mujer amable acertara a pasar a su lado: hoy, una

---

26. Jiménez, 1969. pp. 176 y 126.

27. Camprubí, 1, 2006. p. 299. Fernando Sánchez Dragó en el programa dedicado a la publicación de los diarios de Zenobia en el espacio *Las noches blancas* de Telemadrid repara en que siendo una bitácora «pormenorizada», sin embargo, «no hay ninguna alusión al sexo, a la vida sexual entre ella y Juan Ramón». Graciela Palau de Nemes y su sobrina nieta deslizan hacia la maternidad y el amor la curiosidad de Dragó. En: «https://www.youtube.com/watch?v=R0Fi5pf39fE».

monjita del sanatorio; mañana, la bellísima esposa de un amigo», ya que el escritor «tenía la dulcísima costumbre de enamorarse»[28].

Cabría plantearse hasta qué punto Juan Ramón fue consciente del efecto que le producían los fármacos y hasta qué punto sabía que estos le influían en su tarea literaria. Existen numerosos ejemplos donde el poeta se manifiesta de una forma entrevelada:

> Enfermedad sin nombre,/que sólo yo conozco,/me come el alma triste hasta la vida, / y me reclama el sueño artificial[29].

Hay una evidente presencia de «arquitecturas[30]» en

---

28. VVAA a2006, p. 71. En ocasiones dichos enamoramientos eran correspondidos como explica el propio Juan Ramón en un documento que Ignacio Prat rescató de su archivo, donde habla de su abandono del Sanatorio del Rosario: «El doctor Roldán, director del Auxilio Mutuo, dijo [...] que [...] cuando yo estuve en Madrid en el Sanatorio del Rosario, cuando él con sus 26 años era el director y yo el enfermo melancólico, yo le hacía el amor a las hermanas. El hecho era así. La madre superiora, con gran escándalo de la comunidad, se enamoró de mí y venía constantemente a mis habitaciones (un dormitorio y una salita). Las hermanas jóvenes, que eran las que a mí me gustaban (y yo a ellas), nos burlábamos de la madre cincuentona. Entonces ella indignida espulsó a una hermana, Amalia, de 20 años como yo [...]. Y después, la madre me espulsó a mí, sin atreverse a aparecer en mi despedida, a la que vinieron todas [...] menos ella. Y todas lloraban y yo también». VVAAa, 2006. p. 100.

29. Jiménez/Camprubí, 2017. p. 1.272.

30. Thomas de Quincey, paradigma del consumidor de opio, reconoce en sus *Confesiones* la importancia que «la arquitectura» tenía en sus sueños: «[...] Con idéntico poder de crecimiento infinito y de autorreproducción procedía la arquitectura de mis sueños. En efecto, durante las primeras fases de mi enfermedad, el esplendor de mis sueños era principalmente arquitectónico, y pude contemplar ciudades y palacios de tal pompa como

poemas como «Paisaje a lo Boecklin[31]» o «Ciudades de ilusión» de su libro *Poemas mágicos y dolientes*, que evocan a las *Confesiones de un inglés comedor de opio*[32] de Thomas de Quincey o a las ilustraciones de Piranesi[33].

El carácter guadianesco de su producción literaria fue una constante en la vida de Juan Ramón. A periodos fértiles le siguieron otros de extremada sequía creadora que descolocaba a propios y a extraños. Tal es el caso de su «milagrosa» recuperación en su viaje a Argentina. Zenobia le escribe a Guerrero Ruiz:

> J.R. iba resfriado y, si hubiera sabido el frío que iba a hacer en Santa Fe y Paraná, y que los mejores hoteles tienen instalado un gran aparato de radiadores y sin la más mínima chispa de combustible la calefacción, creo que desisto llena de pánico. Pero hay que irse haciendo a lo

---

nunca han contemplado ojos despiertos». Quincey, 2006, p. 192.

31. Como el poema «Tenebrae» . En Jiménez, 1964. pp. 1.439-1.457.

32. «Había resuelto inexorablemente apartarme del opio, y al fin cumplí mi promesa. Pero la fase de transición fue de todas la peor de soportar. Allí se dieron todos los dolores del martirio: todos los estragos en la economía del gran órgano central, el estómago, que el opio había provocado, la náusea y la repugnancia que acompañaban a cada movimiento de respiración, y la enraizada depravación del apetito y la digestión. Todo esto hubo de soportarse durante meses y meses, y sin el estímulo (por falso y traidor que fuera) que hubieran proporcionado en algún momento de cada día las antiguas dosis de láudano [...]. El opio concede y quita. Vence al hábito regular del esfuerzo, pero provoca espasmos de esfuerzo irregular [...]. Todos los comedores de opio están marcados por la enfermedad de dejar obras inacabadas, y sufrir reacciones de repugnancia». En Quincey, 2006. p. 213.

33. Hans-George Behr escribe en su ensayo sobre el alcaloide que «Si existiera una imagen típica representativa del mundo artístico creado por la influencia del opio, ésta sería, sin duda, la ofrecida por Giovanni Batista Piranesi y a ella se refieren la mayor parte de los opiómanos». Behr, 1981. p. 70.

increíble: J.R. dio dos conferencias más de las esperadas, visitó escuelas (clausuradas por la epidemia de gripe pero convocados en honor de J.R.), besó a centenares de niños y señoras, abrazó a infinitos caballeros y se curó la gripe. [...] J.R. se lo toma todo de lo más de bien, no ve a un médico por nada de este mundo, duerme pocas horas y está hasta empezando a engordar ligeramente; por lo menos se está estirando la piel y el dinamismo me deja a mí completamente exhausta: conferencias, colaboraciones, visitas a las escuelas, etc. Lo veo y no lo creo. Me siento en un cuadro tan irreal que a ratos se me va la cabeza.

Más adelante trataremos con detalle este episodio en el que, como veremos, compraron láudano Sydenham, quizá determinante en su prodigiosa recuperación.

No hay que olvidar que Juan Ramón está llegando a una etapa crucial de su vida, la carta está fechada en septiembre de 1948. En abril de ese año, Zenobia había escrito a su viejo confidente Juan Guerrero Ruiz que «J.R. se pasa seis meses desesperado, pensando que no va a poder volver a escribir en la vida y luego... de repente... sin saber por qué le da la picada, se pone a trabajar y es el hombre más feliz del mundo».

Destacaremos el episodio delirante que se produjo en 1955, fecha en que la medicación de Juan Ramón se encontraba en su fase más crítica y que descolocó a Zenobia por completo:

Yo acababa de conseguir que se dejara pelar la cabeza y barba por primera vez en un mes, o sea, desde la salida del hospital, no sin que antes montara en cólera y me estrujase con rabia un brazo, cuando dejándose ya pelar resignadamente al recordarle yo que lo había prometido al perder conmigo una apuesta (muy rara vez ha dejado de cumplir su palabra), exclamó de buenas a primeras y sin aparente enlace ni motivo: «Mira, has tirado por el suelo la carta de Goethe». Yo miré si había algún papel, que no había y le dije exasperada: «Si no hay ningún papel». A lo que repuso sin vacilar: «Sí, no te acuerdas de mis cosas. La que me escribió cuando me tradujeron al alemán mi *Platero*». Este tipo de fenómeno me escalofría.

Sabemos de la existencia del «episodio Goethe» porque Zenobia lo refiere en su diario, ya que no se lo comunica a Juan Guerrero Ruiz, su confidente habitual. Juan Ramón venía de haber estado unos meses bajo tratamiento de inyecciones de Thorapine, un tratamiento del que Zenobia recelaba porque notaba que Juan Ramón se había convertido en un adicto:

> El tratamiento de Torapine [sic] que tanto me preocupa por su reacción febril, parece que a J.R. le empieza a gustar y, al ver que le suspendieron hoy las inyecciones, me pidió que rogase al doctor Batlle que se las volviera a poner.

El tratamiento, unido a continuas trasfusiones de sangre, le habían conferido al poeta «un colorcito suave, rosado[34]».

Zenobia, inevitablemente, sospecha del efecto que los tratamientos tienen sobre su marido:

34. Camprubí, 2006. pp. 672, 702-704 1.274 y 1.288.

> J.R. tuvo que dejar su seminario en setiembre del pasado año y (a mi modo de ver por las dosis prolongadas —un mes— de «Thorazine[35]») llegó a estar grave físicamente, lo que nunca estuvo en el [año] 50-51, así que ha mejorado mucho más rápidamente que en el achaque anterior. [...] J.R. me habló de su conferencia sin terminar y me pidió que cogiera papel y lápiz porque quería dictarme. No duró más que dos líneas el dictado. [...] Las cosas que me desconciertan a mí, porque no me las explico, ocurren unas pocas veces sin tomar droga alguna, sus salidas intempestivas sin explicación[36].

Zenobia, por su parte, no relaciona el incidente con el uso de psicofármacos por parte de una psiquiatría poco desarrollada, tal y como deja patente Javier Andrés Castro García en su tesis sobre Juan Ramón:

> Es preciso aclarar en este momento que los psicofármacos antidepresivos comenzaron a desarrollarse a partir de la década de los años cincuenta del siglo XX. No debe extrañarnos, por tanto, que el poeta recibiera tratamientos que actualmente estarían más indicados para los trastornos psicóticos, pues en aquella época todavía no se disponía de antidepresivos. Estos fueron descubiertos en 1951 y sintetizados con éxito en 1955[37].

---

35. «El Thorazine es un psicofármaco antipsicótico, cuyo principio activo es la clorpromacina». En García Castro, 2017. p. 346, nota 90.
36. Camprubí, 3, 2006. p. 82.
37. García Castro, 2017. p. 386.

Su propia esposa, compañera inseparable de fatigas, no supo encontrarle una meridiana explicación. Uno de los principales rasgos del síndrome de abstinencia también de los hipnosedantes es la falta total de estímulo para el trabajo («no duró más que 2 líneas el dictado») y una irritabilidad fuera de lugar («sus salidas intempestivas sin explicación»). Los cuadros abstinenciales de Juan Ramón se fueron agudizando hasta el punto de que la mujer del escritor escribe en su diario que «Miguel [Prados] me aprobó que yo no consintiera a J.R. ni malas palabras ni violencia de ningún género», ya que la irritabilidad del poeta podía variar desde no querer tomar las medicinas «porque la cuchara era muy grande», hasta estallar un plato en la mesa fruto de un ataque de ira:

> J.R. notó que en mi paquete traía un nuevo plato supuestamente irrompible para reemplazar el que él había roto contra la esquina de la mesa. Me pidió que no lo usara porque no los iba a romper más[38].

Vemos, por tanto, cómo la irritabilidad de Juan Ramón fue en aumento. Estamos en 1955, con un consumo medicamentoso de unos sesenta años, y las vías de administración van orientándose cada vez más hacia la inyección, de resultado más rápido y efectivo.

Otro aspecto que potencia el consumo de opiáceos durante las ensoñaciones que produce es el contacto con el mundo vegetal. Escribe Jean Cocteau[39] que «el opio es

38. Camprubí, 3, 2006. pp. 123, 127 y 174.
39. Autor del libro *Opio: diario de una desintoxicación*.

la única sustancia vegetal que proporciona una naturaleza vegetal[40]». La obra de Juan Ramón está trufada de referencias vegetales que versan en la dirección apuntada por el francés:

> He puesto mi mano abierta contra el eucalipto, y en el acto me he sentido navegante de un piélago interno. Al Este, al Norte, alzándome inmensamente en la proa, descendiendo a un fondo de mundo que va a no tener término, aprieta mi frente el embate de lo inesplorado resistible. En torno, el total cielo nubarroso, que abarco desde mí mismo, azul y blanco, se recama aquí y allá, en el mediodía de lo ya único, como de hervores tesoreros de olas inmortales.
>
> El mareo del infinito empieza a trastornarme. Despego la mano del tronco, y como si desprendiera mi corazón de un poderoso contacto eléctrico, me quedo a oscuras, más a oscuras que nunca. Vuelvo a ponerla dueño ya de este resorte májico, que en un segundo eterno me saca y me adentra, me hace mendigo o rey de la belleza grande. Sonrío, me despido de mí, sonrío. Y olvidado de todo, tirando lejos mi día diario, afirmo más la palma contra el árbol, hundo los ojos por las bajas nubes cumulantes, y voy, feliz en el navío español del globo, náufrago voluntario, entre el semejante ajeno, de lo absoluto.

Dentro de las misivas que traslucen efectos medicamentosos adversos está la que Juan Ramón escribe al dramaturgo Martínez Sierra:

---

40. Castoldi, 1997. p. 184.

> Querídisimo Gregorio: medio muerto. Me están dando unos ataques convulsivos, con pérdida de conocimiento y parálisis; no puedo estar de ninguna manera; paso el día con médicos; esto se ha descompuesto definitivamente[41].

Rafael de Penagos visita al poeta en Puerto Rico y escribe para *ABC*:

> Vi en aquellos ojos suyos negrísimos, dramáticos y profundos, de anciano arabe-andaluz, andaba ya agazapada la muerte. En los ojos y en la voz. Opaca voz trémula, con timbre de desesperado cansancio, que salía de un último pozo de tristeza que no era ya de este mundo. Siempre, desde su juventud, le rondó la obsesión de la muerte, y en este período final de su vida se había adueñado de él por completo. [...]
>
> —¡En qué momento me conoce...! Estoy muy mal, sin energía para nada, esperando tan solo que me llegue la muerte...
>
> Me dio el brazo y, mientras andábamos un poco, siguió hablándose a sí mismo:
>
> —Sí, es horrible lo que me ocurre... He pasado siete meses sin comer apenas nada... Y yo ya sé que hay que morir, pero lo espantoso es que esto mío es una agonía tan larga.
>
> Atravesaba el poeta una de sus conocidas crisis[42].

Sin embargo Zenobia, en 1950, tras uno de los múltiples ingresos hospitalarios del poeta, escribe a Juan Guerrero: «Los médicos diagnosticaron que, aun cuando

41. Jiménez, 1969. p. 803 y Jiménez, 2006. p. 150.
42. González Ródenas, 2013. p. 447.

J.R. tiene trastornos de orden arteriosclerósico y bloqueo del ventrículo derecho, el 99 por ciento de sus males es nervioso. Lo del bloqueo no lo entiendo bien, pero no lo consideraron grave ni en Johns Hopkins ni el doctor Suárez, que es la última autoridad aquí [...]. Suárez es cardiólogo». Para rematar diciendo que «J.R. vuelve a su fobia juvenil con gran violencia y no me es posible retenerlo en casa. En todos los hospitales que hemos visitado el diagnóstico es 90 por cien nervios y neurastenia y diez por cien trastornos de arterioesclerosis[43]».

Será el médico Ernesto Feria Jaldón quien, sin tener en cuenta ninguna interpretación especulativa, concluya que «el bloqueo cardíaco congénito es una enfermedad infrecuente, pero sin duda, real y grave [...]. No es posible vivir 77 años, como vivió el poeta, con tamaña afección cardíaca. De otra parte, consta que la muerte de Juan Ramón le fue ocasionada por una bronconeumonía, sin que se mencionara para nada alguna afección cardíaca. Además no consta en ningún lado ni que su madre padeciese de una enfermedad autoinmune, ni tampoco ha sido comprobada la incidencia familiar de esta afección en el caso del poeta de Moguer[44]».

La medicina psiquiátrica del momento estaba menos desarrollada que la actual y contaba con psicofármacos todavía más rudimentarios. Tampoco tenían la perspectiva temporal suficiente para atisbar que parte de la sintomatología pudiera devenir de la ingesta prolongada de medicamentos opiáceos y otros tratamientos, muchos de los

43. Camprubí, 2006. pp. 868 y 871.
44. Feria Jaldón, 2006. pp. 139-141.

cuales, hoy, harían llevarse las manos a la cabeza a la clase médica[45].

Esta omisión farmacológica por parte de los investigadores manifiesta que desconocen las miles de páginas de los epistolarios (algo del todo normal pues se han venido publicando desde el año 2006 y no todos dispusieron de la consulta del archivo personal del matrimonio) o ignoran la potencia de los opiáceos sobre la psique humana o soslayan sus conocimientos farmacológicos para impostar una realidad que pudiera salvaguardar el manido estereotipo del poeta encerrado en su torre de marfil.

Javier Andrés García Castro, en su tesis *Psicopatología y espiritualidad en la Vida y Obra de Juan Ramón Jiménez*, publicada en 2017, se acerca al estudio de la obra del poeta bajo el prisma de que su vida fue la de un hombre «depresivo» y disecciona las múltiples variantes de la melancolía y repite la misma pregunta de Gullón con que abrimos este ensayo:

> Y sin embargo, un único hecho es cierto sobre esta cuestión hasta nuestros días: cada autor tiene una opinión diferente y nadie sabe cuál era, en verdad, el supuesto trastorno mental de Juan Ramón Jiménez[46].

---

45. Más llamativo resulta que estudiosos de la obra de Juan Ramón Jiménez como el psiquiatra Enrique González Duro, en su *Biografía interior de Juan Ramón Jiménez* (publicada en 2002) no apunte siquiera esta posibilidad.

46. García Castro, 2017. p. 463. Sorprende que García Castro siquiera apunte es su tesis que la «enfermedad» del poeta estuviera condicionada, en alguna medida, por la administración de psicofármacos y sedantes que cuando se trata del opio tiene efectos particulares ya descritos. Escohotado, 1999. p. 1.204.

En *Por el cristal amarillo*, la presencia de los médicos y medicamentos es habitual: purgantes, medicinas, enfermos y un clima de febril ensoñación. El ambiente a botica es una constante, tanto que le dedica una estampa a José González, médico de la familia:

> A mí don José González no me parecía un médico. [...] Y mi visión de su presencia es sólo ausencia: un levantarse, rápido, de una silla del comedor y un salir deprisa en el gris de la casa de invierno. Don José González era un ir a lo suyo, donde estaban sus dos hijas esperándole. Y en su hueco quedaban tres vagas imájenes, no sé si de medicina o de qué: la cucharada de vino en el caldo, el arsénico y un estraño café medicinal[47].

Un lector avezado, por tanto, que tenga en cuenta ciertas premisas podrá discernir con mayor claridad las creaciones literarias en donde el consumo de drogas (la farmacopea) trasluce una sensibilidad común a sus consumidores que «desencadena una relación alternativa con el cuerpo, el tiempo, la intimidad, la imaginación», como señalan Álvaro Contreras y Julio Ramos en su ensayo *Farmacopea literaria Latinoamericana*[48] y que bien podría aplicarse a buena parte de la obra de Juan Ramón Jiménez.

---

47. Jiménez, 1969. p. 1.078. Un «extraño café medicinal», que bien pudiera hacer las veces de un dawamesk (preparado de opio y mantequilla de hachís), un tanto ordinario y de baja potencia. Escohotado, 1999. p. 580. Común entre los consumidores es diluir el opio líquido mezclado con café «que al dosificarse cuidadosamente permitía esquivar la postración que su consumo suele acarrear como forma de evitar los posibles vómitos que produce el sopor de la ingesta. Escohotado, 1999. p. 1.202.
48. Contreras/Ramos, 2023. pp. 15 y 28.

Por otro lado, que nadie piense que el consumo de ciertas drogas genera en quien las toma una destreza literaria. Rubén Darío[49] ya reparó en que «el opio no hace soñar a cualquiera, sino al que es capaz de soñar[50]». Razonamiento que, por otra parte, no necesita excesiva argumentación.

49. Su libro *El mundo de los sueños* sirve como aproximación a los efectos que el opio puede generar en una sensibilidad poética. Darío, 1992.
50. Contreras/Ramos, 2023. p. 49.

MÉDICOS Y MEDICAMENTOS

Una lectura de los epistolarios[51] del poeta publicados hasta el momento, de los diarios[52] de su mujer (Zenobia Camprubí, convertida en enfermera de cabecera durante cuarenta años), de las crónicas personales de Juan Guerrero Ruiz[53], recogidas a lo largo de más de veinte años de visitas a los distintos domicilios del matrimonio (1913-1936), así como la correspondencia mantenida por éste y la mujer del poeta (1917-1956)[54], y las misivas enviadas entre Juan Ramón y Zenobia, publicadas bajo el título de *Monumento de amor*[55], nos permiten reconstruir con cierto detalle la extensa y diversa farmacopea que consumió con regularidad, en un periodo contrastable en torno a sesenta años[56].

Una extensa nómina de galenos trataron al poeta. A menudo iniciaban tratamientos farmacológicos que se solapaban e interaccionaban con otros, como veremos. En otras ocasiones se interrumpían de golpe, con perjuicios para la salud de un paciente que se jactaba de conocer a la élite médica del país y también de una extensa nómina del continente americano, una vez parta al exilio.

El poeta trató personalmente a Ramón y Cajal[57], a

---

51. Jiménez, 2006a y Jiménez, 2012a.
52. Camprubí, (1, 2, 3), 2006.
53. Guerrero Ruiz, 1998 y Guerrero Ruiz, 1999.
54. Camprubí, 2006.
55. Jiménez/Camprubí, 2017.
56. Desde 1898, fecha de inicio del *Epistolario I* de Juan Ramón a 1956 (fecha de las últimas cartas de Zenobia a Juan Guerrero Ruiz).
57. Guerrero Ruiz, 1998. p. 37.

Ángel Llorca[58], a William H. Gulick[59] y estuvo a los cuidados[60] de Rafael Almonte, José González, Domingo Pérez[61], Hilarión Sánchez[62], Luis López Rueda, Valentín Sama Pérez[63], Miguel Gayarre[64], Gonzalo Rodríguez Lafora, Juan Madinaveitia, Luis Calandre[65], doctor Rozabal, doctor Duclós[66], Luis Simarro[67], doctor Cervera[68], Francisco Poyales[69], Debande[70], Gastón Lalanne, Nicolás Achúcarro, Gregorio Marañón[71], Francisco Sandoval[72], doctor Morgan[73], doctor Sacristán, doctor Luque[74], doctor Carrasco[75], Eusebio Oliver, Pérez Dueño[76], Carlos La-

---

58. Cuando se hospedaba en la Residencia de Estudiantes. En González Duro, 2002. p. 183.
59. Camprubí, 2020. p. 452.
60. El poeta se jactaba de que «le han visto cientos de médicos». En Guerrero Ruiz, 1998. p. 351. «Como Juan Ramón ha recorrido ya todos los médicos de Madrid, hoy ha llamado a éste [doctor Luque], que aún no conocía». En Guerrero Ruiz, 1999. p. 113.
61. Jiménez, 2012a. p. 488 y Jiménez, 1969. p. 1.077.
62. Jiménez, 2014. p. 278 y Alegre, 2008. p. 172.
63. Jiménez, 2006a. pp. 149 y 151.
64. Jiménez, 2014. p. 280.
65. Camprubí, 2006. p. 522 y Camprubí, 2020. p. 738, nota 1.122.
66. Guerrero Ruiz, 1998. pp. 344, 349 y 350.
67. Jiménez, 1969. p. 909.
68. Jiménez, 2001. p. 141.
69. Jiménez, 2005. p. 910 y Albornoz, 1981. pp. 36-37.
70. González Duro, 2002. p. 74.
71. Jiménez, 2012a. p. 201. A Marañón le confesó: «Sin duda, doctor, tengo una glándula que segrega infinito». En Expósito, 2021. p.15.
72. Jiménez, 1969. p. 911 y Guerrero Ruiz, 1998. p. 202.
73. Camprubí, 2022. p. 656.
74. Guerrero Ruiz, 1999. pp. 106 y 112.
75. Camprubí/Jiménez, 2017. p. 855.
76. Guerrero Ruiz, 1999. pp. 258 y 305.

mar[77], doctor Amory[78], doctor Peña[79], Esteban Vergés[80], doctor Romero, Tumulty, Luis Ortega[81], doctor Ayuso, Lavandero[82], doctor Suárez, Luis García Madrid, Rodríguez Olleros, Tomás Blanco, doctor Lurje, Fernando Batlle, Ramón Suárez[83], Teófilo Hernando[84], Gutiérrez Arrese, Arcaute[85], Ricardo Porro, Arístides Deluero, Federico Hernández Morales, Luis Morales, Miguel Prados, doctor Franceschi, doctor Viamón, Walter Luria, Fernández Marina, doctor Amalio Roldán, Ramón Señeriz[86], Winfred Overholser[87], Rafael Troyano, doctor Franco, Aurelio Matilla[88], doctor Cucurella, Fernández Fuster, doctora Janer, doctor Meigs, José Antonio Galarza, doctor Heare,

77. Camprubí, 2, 2006. p. 86. Camprubí, 2022. p. 247. Entendemos que es a este médico (y no a Lamas) al que se refiere el psiquiatra González Duro en su biografía del poeta, resultado de una errata. González Duro, 2002. p. 353.

78. Juan Ramón lo cita en «Sucesión (fragmento tercero)» de *Espacio*: «[…] Ni el doctor Amory con su inyección en Coral Gables». En Jiménez, 2006b. p. 861.

79. Camprubí/Jiménez, 2017. pp. 986 y 996.

80. Jiménez, 1973. p. 212 y Camprubí, 2006. p. 550.

81. Camprubí, 2006. p. 850, 852 y Camprubí/Jiménez, 2017. p. 1.041.

82. González Duro, 2002. p. 425.

83. Camprubí, 2006. pp. 868, 869, 891, 913, 1.142 y 1.246.

84. Zenobia pensó en preguntarle a Hernando «si estaría conforme en que regresáramos a España con él, en último caso, a tratar a J.R. con Laborda o López Ibor [ilustres psiquiatras del momento]». Camprubí, 2006. p. 1.252.

85. Guerrero Ruiz, 1999. pp. 264 y 285.

86. Camprubí 1, 2006. p. 42. Camprubí 1, 2006. Camprubí 3, 2006. p. 74. Camprubí, 2006 pp. 1.253, 1.261, 1.268, 1.274, 1.275, 1.279 y 1.280.

87. Fue superintendente del Hospital Saint Elizabeth de Washington. Trató a Juan Ramón Jiménez en aquella ciudad y también a Ezra Pound. Pionero en terapias mentales y drogas tranquilizantes. Camprubí, 3, 2006. p. 81.

88. Ver notas 672 y 673 de Camprubí/Jiménez, 2017. p. 1.068.

Ramón Suárez, Miguel R. Suárez, doctor Espinosa, Larry Sánchez, doctor Dávila, y algunos otros galenos sin identificar[89].

Durante toda su vida el poeta tuvo la necesidad de tener un médico cerca. A Rafael Almonte, la familia le cedió una parcela de tierra donde hizo una casa para tenerlo a mano en caso de necesidad. En otras ocasiones Juan Ramón se mudó a la vivienda de su médico como ocurrió con el médico de Moguer, con el doctor Lalanne, Luis Simarro[90] o Luis López Rueda.

---

89. El doctor Hoyo era el médico de guardia de la clínica Mimiya de Santurce donde murió el poeta. En Campoamor, 1976. p. 339. Hubo otros doctores y estudiantes de medicina que cuidaron de Juan Ramón en sus últimos años. «Tengo un joven danés muy agradable, estudiante de Medicina que se queda en casa por las noches, gracias a lo cual J.R. duerme mejor».

90. Con quien vivirá dos años. El propio Juan Ramón Jiménez detalla la relación que mantuvo con sus médicos en una «contestación obligada» que redactó como réplica al *Retrato literario* que Gómez de la Serna había publicado a modo de biografía del poeta y que este consideraba salpicada de datos erróneos: «[…] El Doctor Luis Simarro nunca tuvo sanatorios. Fue mi médico, pagado al principio por mi madre, y luego, cuando vino la amistad con que me honró, gratuito, como me imajino que Ramón Gómez de la Serna habrá tenido muchos en Madrid, donde los médicos son tan cercanos amigos de los escritores y artistas. A mí nunca me han cobrado dinero Marañón, Hernando, Oliver, Calandre, Sandoval, Gayarre, Achúcarro, Madinaveitia, etc. Yo viví dos años en el Sanatorio del Rosario, sanatorio quirúrjico de las Madres del Rosario, dirijido entonces por el doctor Cervera, calle del Príncipe de Vergara, pagado por mi madre. Y viví dos años y medio en la casa particular del doctor Simarro, primero en la calle del Conde de Aranda 1, y luego en la casa que el doctor Simarro se fabricó, calle del General Oria, 5. Esto fue cuando su señora, la estraordinaria Mercedes de la Roca murió de un cáncer y el doctor se quedó solo en un estado lamentable que lo tuvo a las puertas del suicidio. Él nos invitó al doctor Nicolás Achúcarro y a mí, entonces, a acompañarle en su casa. El doctor Achúcarro, después de una corta temporada, se vino a vivir a Washington, invitado por una institución médica y yo quedé solo con el

Ya casado con Zenobia, fijaron su primer domicilio en la calle Conde de Aranda[91] para estar cerca del Sanatorio del Rosario en Madrid donde también vivió una larga temporada. Una tónica que mantuvo en varias mudanzas y países a lo largo de su vida en el exilio[92]. El propio poeta lo confesó en un texto titulado *El médico*:

> Desde sus 19 años, fue tan necesario para él como, o más, que el comer o el dormir, o más todavía, porque no podía dormir ni comer sin su relativa presencia[93].

---

doctor Simarro». Jiménez, 2001. pp. 141-142.

91. En la ya mencionada «contestación» a Gómez de la Serna, el poeta puntualiza sus domicilios madrileños: «Yo he vivido en Madrid, parece absurdo tener que citar estas cosas a un amigo de esa época, en las calles de Conde de Aranda, 16; Lista, 8; Velázquez, 96 y Padilla, 38. De soltero viví en Mayor, 16; Gravina, 11; Villanueva, 3; y la Residencia de Estudiantes de Fortuny, 8 y los Altos del Hipódromo». Jiménez, 2001. p. 143.

92. Como ocurre en su domicilio de Riverdale situado frente al hospital adventista Ugene Leland Memorial. En Puerto Rico se instala en la pensión de doña Lola Tuya, donde se hospedaba el doctor García Madrid al que sigue después hasta el Sanatorio Psiquiátrico Insular, donde el doctor había habilitado un pabellón para vivienda. Cuando el doctor Madrid se traslada a Filadelfia por cuestiones laborales, el matrimonio se desplaza hasta Hato Rey a una vivienda en cuya planta de arriba vivía el doctor Fernando A. Batlle. Campoamor, 1976. pp. 251, 270-271 y 276.

93. Jiménez, 2009a. p. 178. La familia parece no tener en cuenta la influencia medicamentosa que la citada nómina de médicos le procuró cuando mantiene que el poeta padecía «numerosas enfermedades físicas como la enfermedad de Crohn, colitis o anemias que debilitaban tanto su salud física como mental, causándole finalmente depresiones secundarias». García Castro, 2017. p. 48. «Sin embargo, lo que levanta fundadas sospechas sobre esta hipótesis es que, a pesar de las numerosas pruebas, análisis y reconocimientos a los que es sometido el poeta, los médicos nunca encuentran nada»; en García Castro, 2017. p. 373.

A través de esta larga nómina de doctores, el poeta fue medicado con Aspirina, Duboisina, Esparteína, bromuro, valeriana[94], bicarbonato, bismuto, cerio[95], ácido nítrico, citrato de magnesio, Thorazine[96], Seporsil, Torapine[97], Peptalmine, Recresal[98], lactodextrina[99], idionacida[100], Agocheline[101], Nuclearsitol[102], Purolan,

---

94. «Pregunto si está mejor y dice que no, aunque ha tomado bromuro y valeriana para ver si logra descansar». En Guerrero Ruiz, 1999. p. 109.
95. Que consumió durante años en preparados de Vivas Pérez. Camprubí, 2006. p. 298, p. 356 y p. 411.
96. «Aquí estoy junto a la cama de JR. Él me tiene la mano izquierda entre las suyas y se entreduerme con los efectos de la última inyección de «Thorazine»». Carta fechada a14 de diciembre de 1954. Camprubí 3, 2006. p. 74. El compuesto activo de este medicamento es la clorpromacina.
97. «El tratamiento de "Torapine" que tanto me preocupa por su reacción febril, parece que a JR le empieza a gustar y, al ver que se le suspendían hoy las inyecciones, me pidió que rogase al doctor Batlle que se las volviera a poner». Carta fechada a 6 de diciembre de 1954. Camprubí, 2006. p. 1.274.
98. «Para mejorar la digestión y tonificarse un poco debe tomar, de vez en cuando, durante una semana, una o dos grajeas de Peptalmine (no magnesiadas). Esto es un preparado de peptonas que completan la de nuestro organismo y lo mejoran. Como tónico más activo debe tomar Recresal, pero en menor cantidad de lo que dicen las notas que van con el medicamento». Guerrero Ruiz, 1999. p. 340.
99. «Esta tarde me he ido a buscar a los Adventistas del Séptimo Día para ver si podían proporcionarme un alimento de su fabricación, la lacto dextrina, que a J.R. en Maryland le sirvió mucho». Camprubí, 2006. p. 1.159.
100. «Fui sin embargo a ver a Larry Sánchez para preguntarle por la idionacida, según me recomendó el Dr L[uria], pero él no le era propicio. Procuraré entrevistar a los 2 médicos para que lo discutan directamente». 24 de junio de 1955. Camprubí, 3, 2006. p. 114.
101. «—Ya se encuentra mejor —me dice Zenobi—; de vez en cuando tiene estas cosas de intoxicación, de las que se mejora tomando «Agocheline» (?) [sic], un preparado que le prescribió Oliver para el hígado». Guerrero Ruiz, 1999. p. 292.
102. «En realidad, los médicos me han servido de poco… Zenobia protesta, afirmando que las inyecciones que le han puesto han contribuido a mejorarle.

tónico Roche[103], neurosina, Serenol[104], Penicilina, Butisol, Pepsina[105], opio[106] (láudano Sydenham[107] y morfina[108]), meprobamato[109], éter, belladona[110], beleño[111], fós-

---

Entonces él reconoce que las últimas —de Nuclearsitol— sí le han producido un efecto eficaz para su mejoría». Guerrero Ruiz, 1999. p. 128.

103. «[…] Por indicación de Calandre ha empezado a tomar el tónico Roche y una medicación a base de opio. Hacía tiempo que no tenía estos cólicos, cuya causa ignora, pues no ha tomado nada nocivo ni bebidas frías» (8 de julio de 1935). Guerrero Ruiz, 1999. p. 303.

104. Jiménez, 2006b. p. 232. El Serenol era un medicamento «regulador de los trastornos de la hipertonicidad nerviosa» para cuya elaboración se utilizaba belladona entre otros compuestos.

105. «A las 5 y media, cuando me he levantado, me ha dicho que no había conseguido dormir en toda la noche (se negó a tomar agua de azahar y no tengo seguridad de que el butisol que se tomó no fuera pepsina)». En Camprubí, 3, 2006. p. 239.

106. Alarcón, 2003. p. 50. «Sólo la noche me consuela un poco. Ya hace tres que busco en el opio mi sueño. Dormir, dormir mucho, ¡dormirme del todo y para siempre!».

107. «J.R. tiene rachas malas y el láudano Sydenham no se puede tomar tan seguido sin malos efectos» (13 de marzo de 1949). Camprubí, 2006. p. 726.

108. «Le recetó tabletas [de morfina] y se fue. J.R parece algo animado» «[…] J.R tuvo una recaída esta tarde. Está muy desanimado, pues le volvió a subir la fiebre. Esta noche estamos los dos bastante desalentados. Creemos que las tabletas [de morfina] le cayeron mal». Camprubí, 2, 2006. p. 86.

109. «[…] No se puede descartar que el poeta recibiera algún complemento psicofarmacológico durante los ingresos en América para tratar los síntomas de ansiedad como el Miltown. El Miltown es el nombre comercial del meprobamato». García Castro, 2017. pp. 386-387.

110. «Estos trastornos del páncreas, que produce exceso de insulina, van tomando un carácter crónico y [el doctor] Carrasco insiste en que la mejor medicación es la belladona, que le sienta mal, como si fuera opio». Guerrero Ruiz, 1999. p. 139.

111. «Y la noche echa su inundación de beleño sobre todas las cosas y sobre mí mismo». Jiménez, 2012b. p. 77.

foro[112], Gomenol, estricnina[113], Bromidia, quinina[114], bromoquinina[115], amital, Urolan, Protinae, mercurio[116] y arsénico[117], lacto dextrina, suero CCC de reacción suprarrenal, inyecciones de vitaminas, calcio Sandoz, aceite de hígado de bacalao, insulina[118], amén de otros específicos como la fitina; manzanilla[119] o agua de azahar para aliviar sus digestiones y bicarbonato diluido

---

112. «[…] El estado congestivo padecido debió originarse por tomar el tónico Roche que le recetó Calandre, pues lo suspendió, y ayer, al volver a tomarlo, ha vuelto ha [sic] sentir los mismos efectos nocivos, por lo cual lo ha dejado definitivamente. Ahora toma un preparado de fósforo que es el tónico que le ha sentado mejor». En Guerrero Ruiz, 1999. p. 308.

113. «Hablamos unos momentos sobre la enfermedad de Juan Ramón, manifestando el doctor [Luque] que cree que es algo relacionado con el metabolismo, por falta de alguna sustancia, y que casi garantiza se mejorará con unas inyecciones de estricnina que le ha recetado». Guerrero Ruiz, 1999. p. 113. Mike Jay habla de la estricnina como «tónico nervioso» muy utilizado a finales del siglo XIX. Jay, 2024. p. 41.

114. «Estoy con paludismo; y entre la fiebre y la quinina ando sin memoria, sin entendimiento y sin voluntad». En Jiménez, 2006. p.198.

115. «Si la persona no tolera la aspirina, bromoquinina, que fue lo que yo tomé». En Jiménez, 2012a. p. 88.

116. «Juan Ramón parece que ha mejorado pero el mercurio le mortificó mucho» (24 de agosto de 1934). Camprubí, 2006. p. 20. «Los calomelanos —cloruro de mercurio dispensado en forma de «pastillas azules»— se recomendaban para impulsar la energía nerviosa, así como para tratar la inflamación y la rigidez, pero también resultaba tóxico si se superaban dosis pequeñas». Jay, 2024. p. 41.

117. «El insomnio empezó a causa de una niñera que encima de su cuarto atiende a un niño pequeño meciendo la cuna y levantándose a medianoche cuando se despierta. Hasta hoy lleva tres inyecciones de arsénico, cuyo efecto aún no ha sentido». Guerrero Ruiz, 1999. p. 107 y Jiménez, 1969. p. 1.078. Fue un «tónico nervioso» muy utilizado, «activo de medicinas sin receta». Jay, 2024. p. 41.

118. Camprubí, 2006. pp. 1.159, 1.261, 656, 556, 1.241, 1.242 y 1.364.

119. «Tomaré manzanilla contigo porque a mí me gusta muchísimo». Camprubí/Jiménez, 2017. p. 593.

en ginger ale, tabletas de café carbonizado contra los gases, pastillas de menta canadienses para su higiene bucal o pulverizadores y medicinas para la alergia, sales y Aromatice amonio para el cansancio, sin hacerle ascos al Moscatel, licor «Triple seco» Lerroux[120], el Jerez[121] o el «Benedictine»[122].

Completaron su dieta farmacológica otros medicamentos que por su familiaridad casi entrarían a formar parte de su dieta.

El moguereño, además, tenía debilidad por el *Maybul*[123] que tomaba por las tardes a las seis y media, y para cuidar de sus digestiones tomaba Tribalenta[124]. Para con-

---

120. «[...] Y les servimos lo que a él más le gusta, moscatel español (que por cierto, es lo único que quiere probar en materia alcohólica J.R., aparte de un licor francés, «Triple Seco» Lerroux). [el doctor] Verges, que conoce sus gustos, se había presentado con lo que él llamaba «un jarabe para mi garganta» que resultó ser el consabido «Triple Seco»». En Camprubí, 2006. p. 654. Licores, por otra parte, nada ajenos al negocio familiar pues, su padre primero y su hermano Eustaquio después, se dedicaron a «negocios vinícolas» (vermouth y cognac incluidos). Blasco, 2009. p. 61.

121. «Cuando se siente desfallecer, un mero sorbo le hace volver en sí». En Camprubí, 2, 2006. p. 63.

122. «En el camino, paramos en una tienda de licores a comprar una botella de jerez, se había acabado el que compramos en Cuba. Para horror mío, J.R. mandó al cuerno el precio y compró también una botella de Benedictine». 21 de mayo de 1939. Camprubí, 2, 2006. p. 63.

123. Producto lácteo parecido al yogur. En el *ABC* del lunes 27 de mayo de 1918, puede leerse: «Un consejo: en esta estación y la siguiente: —el uso del Lactobiol evita o hace desaparecer todos los trastornos de origen intestinal. Epidemia reinante. —No os veréis invadidos tomando diariamente una terrina del enérgico desinfectante gastro-intestinal Maybul (antes Yoghourt) Los médicos lo recetan a los ya atacados».

124. «—Por la mañana, en ayunas, para derivativo del hígado y abrir el apetito, tomará, en medio vaso de agua, el jugo de un limón con una cucharadita de azúcar, antes de levantarse. A la media hora ya puede tomar

tener su colitis crónica disponía a menudo de los «papelillos» de Vivas Pérez[125].

En la última etapa de su vida, Juan Ramón sufrió ataques de paranoia, neurosis y trastornos de personalidad abandonando su aseo personal y desarrollando un síndrome de Diógenes centrado en el papel; conducta que Zenobia trataba de revertir.

En ese periodo (que podríamos fechar en torno a 1950 hasta sus respectivas muertes) también ella tuvo que consumir con regularidad Aspirina, cafiaspirina, penicilina, Aromatice Amonio, Benadryl[126], codeína[127], láudano, butisol, toracina, tonil, Protinae, buferina, cortisona[128], calamina, Rasolpin, Luminal[129], ácido nicotínico, y un abánico de laxantes[130] (como la Fosfosoda), destinados a paliar las astrigencias de los opiáceos (administrados para serenar el dolor provocado por agresivos tratamientos contra un cáncer de útero recidivo). Convalecientes ambos, el domicilio conyugal disponía de una potente botica.

---

una taza o vaso de leche con una cucharada de Tribalenta, que es una harina finísima de trigo, el alimento mejor y más ágil de digerir». Guerrero Ruiz, 1999. p. 339.

125. «Finalmente, en caso de diarreas, nada mejor que los clásicos Salicilatos de Vivas Pérez, siempre en dosis menores de lo que indican los prospectos». Guerrero Ruiz, 1999. p. 340 y Camprubí, 2006. pp. 425 y 465.

126. «Lo cierto es que yo he pasado unos meses pésimos por haberme envenenado con el Benadryl, que me dejó sin ganas de comer». En Camprubí, 2006. p. 1.089.

127. Camprubí, 3, 2006. pp. 211, 286, 320 y 367.

128. Camprubí, 3, 2006. pp. 344, 350, 351 y 367.

129. Ella escribe «Luminar», pero se refiere al sedante barbitúrico de acción prolongada. Camprubí, 2006. p. 1.282.

130. Camprubí, 3, 2006. p. 299. Y purgante de aceite Castor. Ibídem. p. 366.

Como colofón a todos estos tratamientos y toda vez que el poeta entra en una fase de ayuno y abandono debido a su propio cuadro clínico, al que suma la pérdida de su esposa, es probable que fuera sometido a electrochoques ya que los médicos que le asistían en la última etapa de su vida pidieron autorización a la familia por si «fuera necesario»:

> Muy señor mío: El que suscribe es el Director Clínico del Hospital Hato Tejas en donde se encuentra recluido su señor tío, don Juan Ramón Jiménez. Fue traído porque su estado de ánimo y negativismo llegaron a un extremo tal que no comía. En la actualidad continúa en parte su negativismo y hay que alimentarle a veces por «gabage» [sonda] [...]. Sirve esta carta, además, para consultarle como familiar más cercano, lo siguiente: En la eventualidad de que Juan Ramón siga en su negativismo, sería muy peligroso continuar el «gabage». Varias consultas con otros psiquiatras han confirmado nuestra opinión: De continuar así, existiría la indicación de un tratamiento más heroico, es decir, electroshock.[131]

131. González Duro, 2002. p. 457 y García Castro, 2017. pp. 387-389.

INFANCIA Y BOHEMIA

De Moguer a Burdeos (1881-1901)

Juan Ramón Jiménez nace en Moguer el 23 de diciembre de 1881 en el seno de una familia pudiente. Fue el hijo pequeño del matrimonio formado por Víctor Jiménez Jiménez (propietario de negocios vitivinícolas) que casó en segundas nupcias con Purificación Mantecón López-Parejo. De niño comienza a leer a los autores franceses (Víctor Hugo, entre sus preferencias), sintiendo desde temprana edad predilección por la poesía. Con apenas ocho años, en ocasiones, hacía las veces de amanuense de su padre a quien solía acompañar a las bodegas de Moguer. Su carácter era un tanto «caprichoso» y su madre le colmaba de atenciones. Estudia primeras letras en su pueblo y la enseñanza secundaria en Jerez de la Frontera, con buenas calificaciones. En 1894 ingresa en el colegio San Luis Gonzaga de El Puerto de Santa María (Cádiz) donde permanece interno hasta 1896. Su carácter comienza a cambiar, pierde religiosidad y evidencia una rebeldía hacia la enseñanza reglada. En 1896 obtiene el título de bachiller en Artes y Ciencias y tiene sus primeros amores de donde nacen sus primeros versos. En ese año, se traslada a Sevilla a estudiar pintura en el taller de Salvador Clemente (y no Derecho como era el deseo de su padre). Clemente le introduce en los ambientes literarios de la capital andaluza que le alejan de los pinceles[132]. Consume su tiempo

132. Para Enrique González Duro el poeta «estudió poco o nada, y se

entre la biblioteca de la Sociedad de Escritores, y edeslumbrado por la vida bohemia con Fernando Villalón como guía. En 1898 siente su vocación literaria y comienza a publicar en periódicos y revistas sevillanas. En 1899 va a escribir incluso «varios poemas más o menos anarquistas». Se cartea con Villaespesa, quien le abre las puertas de las publicaciones madrileñas a donde arriba en 1900 para frecuentar a Rubén Darío. En primavera, regresa a Moguer y en julio muere su padre, hecho que el poeta urdirá como detonante de su carácter neurasténico. Su familia, y aconsejado por el doctor Luis Simarro, decide enviarle al psiquiátrico del Dr. Lalanne a Burdeos. De donde regresará precipitadamente a finales de agosto de 1901.

Juan Ramón Jiménez fue un niño dotado de una sensibilidad innata.

De niño ya padeció «todas las enfermedades de los niños y, varias veces, el garrotillo [difteria], y la alferecía tetánica, cuyos nombres daban sus buenos sustos a mi familia[133]». Ya en el colegio de los jesuitas de El Puerto de Santa María, nos encontramos al poeta «tristón[134]».

El poeta sería acaso un adolescente cuando suceden los hechos acaecidos bajo el epígrafe *Almirante* de su libro *Platero y yo.* La venta de su caballo le produjo tal aflicción que tuvo que ser medicado:

> No sé cuántos días tuve el corazón encojido. Hubo

dedicó a pintar y a una cierta bohemia señoritil, con juergas flamencas y visitas a mujeres públicas». VVAAb, 2006. p. 288.

133. González Duro, 2002. p. 18.

134. Para una cronología de las crisis del poeta consultar García Castro, 2017. pp. 322-360.

que llamar al médico y me dieron bromuro y éter y no sé qué más [sic].

Juan Ramón debió recibir tratamientos desde joven como parece indicar el texto *Convalecencia* del citado libro. Además el botiquín familiar de Moguer contaba con opiáceos como demuestra el escrito sobre Mamá Pura de su libro *Por el cristal amarillo*:

> Mi madre despertó, de su sopor del láudano, alzo los ojos a la puerta y nos llamó[135].

Cuando comienza el curso preparatorio de Derecho en Sevilla estuvo muy pálido y cayó al suelo varias veces, sin conocimiento[136].

En la edición de *Diario íntimo,* la profesora González Ródenas reproduce un fragmento de un texto de Juan Ramón Jiménez que evoca sus escarceos de juventud[137] cuando alternaba con Rubén Dario y Valle-Inclán, recién llegado a Madrid. Villaespesa hacía de «guía tumultuosa» para conducirle a la casa de bebidas Pidoux en la calle del Príncipe. La descripción del poeta se asemeja a un tugurio estrecho y atestado:

---

135. Jiménez, 1969. pp. 666 y 1.199.
136. Gullón, 1960. p. 10.
137. Ya en Sevilla, antes de su llegada a Madrid, el poeta frecuentaba la noche prostibularia: «Mis amigos solían ir en Huelva, en Sevilla en Madrid, a las casas de putas. La vida en Sevilla tenía en diario ese nocturno. [...] Caí algunas veces por no ser menos ante ellas y ello, ante ellos con ellas y ellas con ellos [...] y si por acompañar a mis amigos, iba, buscaba la muchacha más triste, más delicada y hablaba con ella de su casa, de su pueblo, de su vida». Expósito, 2021. pp. 58 y 60.

> Todo feo, sucio, incómodo. Lo único bueno, al parecer, es el alcohol en sus múltiples destilaciones y etiquetas. Rubén Darío pide una vez y otra «whisky con soda», coñac Martel Trois Etoiles[138].

En el epistolario de Juan Ramón, en carta a Timoteo Orbe, además de numerosas citas a su salud física y mental, el poeta hace referencia a su estadía en Madrid de manera poco amable:

> Madrid, me desconcertó. Viera usted una corte de podredumbre; el círculo intelectual se divide por allá en dos secciones; una la de las maricas —y dispense usted lo gráfico de la palabra— y otra de canallas. Allí no se puede vivir; allí se ahogan los espíritus serenos. De *amigo* no hablemos; se pueden contar las amistades nobles; yo me pasaba los días al lado de Rubén Darío y Villaespesa, y cuando Rubén marchó a París, al lado de Villaespesa[139].

El poeta vuelve a Moguer con la llegada del verano «triste y enfermo de cuidado[140]» y su padre fallece, según el poeta, de una embolia repentina. García Castro, sin embargo es taxativo al respecto:

> No es cierto, como se ha escrito tantas veces, que el padre de Juan Ramón muriera de una muerte repentina. Lo que impresionó seguramente al poeta fue que ocurriera

138. Jiménez, 2022. p. 231.
139. Jiménez, 2006a. p. 63.
140. Campoamor, 1976. p. 57.

de noche, mientras dormía, y la llamada de su hermana que lo despertó bruscamente[141]». El padre del poeta ya estaba enfermo de cierta gravedad y recibía atenciones por parte de su familia[142].

Juan Ramón sufre, en cualquier caso, una grave crisis de salud por lo que «los médicos tenían que venir constantemente de día y de noche. Sentía un escalofrío permanente, algo así como una blancura de cristal helado seguido de mucha negrura[143]». Tanta es la necesidad que tiene de sentir un médico cerca que el poeta carga con un colchón y se va a dormir a la puerta de la casa de su médico Rafael Almonte quien al amanecer le encuentra serenamente dormido en la entrada de su vivienda[144].

El poeta siempre tuvo la convicción de que padecía «un bloqueo cardíaco congénito», al que achacaba sus arritmias, decaimientos y taquicardias. Ernesto Feria Jaldón desmintió rotundo este supuesto como ya se ha visto:

> No sabemos de donde sacó el poeta esa especie de que padecía un bloqueo cardíaco congénito [...]. El bloqueo

141. García Castro, 2017. p. 325.
142. Giacovate, 1973. p. 39.
143. Jiménez, 2014. pp. 259-260. El poeta reconoce que: «La vida dio aquella noche una vuelta de rara medida para mí y yo di una vuelta para la vida. Era como si yo me hubiera vuelto en mi jirar en mi órbita y me encontrara conmigo mismo de boca. [...] Como si en vez de ser yo el forastero que yo conocía de mí, fuera el de dentro que se me había salido como si yo fuera un guante. Hasta cuando pasaba por delante del espejo grande de la sala estrado me veía por dentro, me veía en entrañas equivocadas». González Duro 2002. p. 66.
144. Campoamor, 1976. p. 58.

> cardíaco congénito es una enfermedad sumamente infrecuente, pero, sin duda, real y grave [...]. No es posible vivir 77 años, como vivió el poeta, con tamaña afección cardíaca.

El poeta pasó por el Balneario de Alhama de Aragón para tratarse una «anemia cerebral» con resultado de una «neurastenia horrible» sin especificar tratamientos[145].

Bajo el título de *Con la inmensa minoría. Recuerdo al primer Villaespesa (1899-1901)*, el poeta firma un artículo para el diario *El Sol* donde evoca su amistad con el vate modernista. Publicado el 10 de mayo de 1936, la descripción remite a comienzos del siglo XX y nos muestra un Juan Ramón muy distinto del estereotipo habitual. El escritor, con su ordinaria mano izquierda, escribe que entraban en los cafés y una vez allí, «mientras no sé si tomábamos no sé qué», le leía sus versos a su amigo. Un insólito JRJ hace gala de su bohemia, «tomábamos un coche, lo dejábamos; comíamos, bebíamos, a cualquier hora, en cualquier sitio; cualquier cosa. Y así hasta las cuatro o las cinco de la mañana. [...] Pero a las ocho siguientes, como el primer día, Villaespesa estaba con su sombrero de copa y su abrigo entallado, en mi casa, y otra vez el ciclón[146]».

---

145. Jiménez, 2006a. p. 74.
146. Jiménez, 2022. pp. 202-204.

JUVENTUD Y MADUREZ

Madrid-Moguer-Madrid (1901-1916)

El poeta acude a la Maison de Santé en Castel d'Andorte cerca de Burdeos para tratarse de su neurastenia, agudizada por la muerte de su padre, de donde ha de salir precipitadamente. De nuevo en la capital, ingresa en el sanatorio del Rosario donde permanece hasta 1903. En el llamado por Juan Ramón «Sanatorio del Retraído» va a tener algunos escarceos con las novicias que le atienden y le visita lo más granado del panorama poético nacional. En 1903 se muda a casa de su médico Luis Simarro con quien va a convivir hasta el verano de 1905, momento en que vuelve a Moguer debido a los problemas económicos de la familia. Desde allí mantiene correspondencia con Rubén Darío, Louise Grimm y el matrimonio Martínez Sierra. En su pueblo permanece hasta 1912. Durante esta etapa moguereña el poeta confecciona las estampas de lo que en un futuro será una de sus obras cumbres, *Platero y yo*. A finales de 1912, el poeta se traslada a Madrid y, en septiembre de 1913, se instala en la Residencia de Estudiantes donde supervisa las publicaciones y participa activamente de la vida cultural hasta que contrae matrimonio con Zenobia Camprubí en 1916.

En mayo de 1901, el joven escritor ingresa en el psiquiátrico que dirigía el doctor Lalanne tras una crisis de neurastenia que achacan a la muerte de su padre.

El médico detalla en un informe redactado en el mes de septiembre que el poeta «está en un estado de rebeldía contra las tendencias de su estado afectivo». Esta deprimido sin razón aparente en un estado contemplativo. Tiene una «anestesia moral» y «se ha entregado a los placeres sexuales».

El malogrado profesor Ignacio Prat, en su imprescindible libro *El muchacho despatriado*, estudia con detalle la juventud del poeta moguereño y asegura que el doctor Lalanne no le aplicó ningún tratamiento «u otras drogas[147]» durante su estancia en Burdeos como había sugerido Bernardo Giacovate. Por su parte, el profesor Giacovate aporta el dato de que el doctor francés describe experimentos con duboisina[148] en un artículo que publicó en el año 1900 titulado *Nota sobre el empleo terapéutico de duboisina en las enfermedades mentales*[149], apenas unos meses antes de que Juan Ramón Jiménez ingresara en el sanatorio del Dr. Lalanne. El mismo Ignacio Prat invalida su afirmación cuando trascribe la carta que el doctor remite a la madre del poeta, Purificación Mantecón, el 13 de mayo. Allí dice que su hijo está mejor y sigue «perfectamente el tratamiento[150]». Sin embargo, Prat no

147. Prat, 1986. p. 18. Prat respalda esta idea ya que en las fichas médicas de Juan Ramón (en manos del matrimonio M. y Mme. P. Charon) «se infiere que el doctor Lalanne no aplicó a su paciente ningún tratamiento que conllevara la administración de preparados químicos». Ibidem.

148. La duboisina es el nombre con el que se conoce el principio activo de la *Duboisia myoporoides*, un árbol tropical de cuyas bayas se extrae un alcaloide de efectos y estructura similar a la escopolamina y la hiaoscimina. Entre sus efectos cuenta el de ser un eficaz hipnótico, sedante y midriático, por lo que será utilizado también en oftalmología.

149. «Note sur l'emploi therapeutique de la duboisine dans les maladies mentales». Giacovate, 1973. p. 218. nota 1.

150. «[...] M.[onsieur] Jiménez va mieux depuis qu'il est avec nous [...] et il suit parfaitement son trataiment». En Prat, 1986. p. 27.

se contiene al afirmar que el poeta tenía dotes de simulación en su conducta como «ciertos psicópatas». También hace hincapié en el enmascaramiento «verdaderamente científico» que hizo el propio poeta para soslayar su *affaire* con la esposa de su médico en Burdeos[151] que Prat detalla en su ensayo y extrapola con pasajes y títulos de la obra del poeta[152].

Además apunta hacia el amor que Juan Ramón manifestó hacia la hija del doctor Lalanne, su amada Marthe, de apenas siete años, y que figura en todas las *listas de amores* que se encuentran entre los papeles del poeta en Puerto Rico[153]. Unos sentimientos que el profesor Prat califica de «juegos eróticos». El poeta recalca la precocidad de la hija del doctor Lalanne y lo cierto es que

---

151. Prat, 1986. pp. 21, 67-68, 113, 123 y 132-133. En su ensayo sobre la juventud del poeta, Prat cita varias composiciones de tipo erótico, algunas dedicados a novicias y otros amores del joven Juan Ramón. En Prat, 1986. pp. 135, 136, 138, 139, 147, 197-205, 215, 227 y 233. También en González Duro, 2002. p. 75-76. Javier Blasco y Antonio Piedra califican su estancia en Casteld'andorte de «días memorables al lado de la señora Lalanne y de alguna de sus sirvientas». VVAA a2006, p. 94.

152. Prat, 1986. p. 76.

153. «Marthe / (era una niña, pero la amé y / me amó)». En Prat, 1986. p. 82. «Un momento dejabas de ser niña. Tu cuerpo / traslucía otra alma con el sol, momentáneo, / mientras abril, más lento, que venía a tu vida, / daba a tu carne, cada día, un nuevo encanto». Ibid, p. 84. «Marthe, que ya va comprendiendo» y «te burlabas de mí, fantástica y perversa. // Andabas como yo, te empinabas lo mismo / que yo diciendo versos… Tu gracia francesa era / de un encanto tan grande, que yo me desdeñaba / también, perdido, absorto en tu farsa traviesa». Ibid, 85-86. «Resulta conmovedor que JRJ intentase un imposible diálogo con Marthe Lalanne cuarenta y ocho años después de conocerla. En el número 192 de la revista *L'Espagne* […] publicó la prosificación de los tres poemas de *Libros de amor* […], el título común de los tres textos fue: «Marthe»». Ibid. p. 91.

ella no le olvidó y habló de él a sus hermanas e incluso a su futura hija pese a que siempre ignoró la fama del escritor.

Juan Ramón escribe textos de una sensualidad insólita dedicados a la hija de dos años de su doctor que una noche este le muestra mientras la niña duerme. Graciela Palau de Nemes, biógrafa autorizada del poeta, ya reparó que la composición «Rimas» que el poeta dedica «a Denise desnuda» tiene connotaciones eróticas que «tratándose de una niña que duerme» parece «demasiado sensual». Prat recalca el cuidado que Juan Ramón tuvo por aumentar la edad de Denise a la que a veces tilda de «adolescente» y que en conversación con Juan Guerrero Ruiz incluyó dentro de las «mujeres» de su juventud. En *Libros del amor* (1917), le dedica un poema donde anota el verso «apenas le quitaba su fuego con mi boca[154]».

También la ensayista Soledad González Ródenas en su edición de *Baladas y Odas* apunta esta vertiente de Juan Ramón Jiménez recogida en varios textos y poemas[155]. Durante estas primeras fechas del siglo XX, su

154. Prat, 1986. pp. 87, 89, 97, 98 y 100. También le sorprende «el carácter lascivo de alguno de sus versos, en particular de «Laberinto» y «Melancolía», escritos entre 1910 y 1911». VVAA a2006, p. 258.

155. Jiménez, 2023. «Besándote: ¡Cómo, al besarte, siento el embate oscuro y misterioso de tu sangre! Me parece que me asomo por una muralla al mar, que me recuesto como un pino jigantesco, que el galope de mi caballo se me entra en las entrañas. / ¡Oh, mundo infinito limitado por la carne, por tu carne leve, mimosa, casi infantil!», p. 29; «Y la niña fresca e ideal, guardaba su miedo en las faldas de la madre joven, que me miraba por encima de ella […] la adolescencia empieza a ennegrecerlo todo», p. 131; «[…] Tus mimbres tienen una tibia blandura de carne viva; hueles vagamente a ella, tus iniciados pechos saben la forma de sus pechos, me llegas al hombro como ella… Y abrazado a ti, tú crujiendo y yo llorando,

epistolario está trufado de referencias a su tristeza y su salud física y mental antes, durante y después de su ingreso en el psiquiátrico de Burdeos. Villaespesa anuncia la llegada del poeta a Madrid[156] tras su precipitada salida de Arcachon (población balneario-hospital en la cual

caemos, inútilmente, sobre el lecho…», p. 190; «En el fondo de su jardín sombrío, se abandona a mí como una perrilla mimosa. Yo, loco, recorro de caricias ardientes todos sus tesoros nacientes. Como ella es muy niña todavía consumimos jugando nuestra llama. […] ¡Cómo sabe al entrar en casa hacerse la inocente! […]», p. 212; Transcribo casi íntegro el texto «Balada de los pechos de la amada»: «¡Qué bellos son sus pechos! ¡Qué blancos! ¡De una seda tan suave, tan tibia, tan fresca, tan blanca! ¡Violetas y rosas entre leche, entre nieve, entre armiño, entre espuma! ¡Claveles blancos con rocío! / Son redondos y pequeños. Entre ellos, una turgencia llana y cálida. En sus cimas los pezoncillos rosados ligeramente areolados. Ni la frivolidad de la rubia, ni el carnoso y obscuro botón de la morena. ¡Una gracia sensual y adolescente! / Yo juego con sus dos pechos como si fuera un niño. ¡Qué de besos en sus flores tibias! ¡Cuánto apretón! ¡Vienen justos a mis manos cóncavas y el izquierdo es un poco más grande que el derecho! / Cuando la beso en la boca en primavera sus pechos se yerguen inflamados y los pezoncillos se enrojecen de sangre. Entonces se los muerdo, quiero comérselos, se los destrozo… / ¡Qué bellos son sus pechos! ¿Quién tendrá otros semejantes? ¿Qué mujer, qué niña, a qué edad, de qué país? […]», p. 217; «Iba desnuda por la senda oculta de las mieses. […] Debajo, entre la sombra, la lujuria derramaba su frondosa [avidez]; olía a tierra mojada, a raíces, a sexo, a tallos verdes […]», p. 223; «[…] No te deshaces con mis besos […] te muerdo, y tú, más leve que la rosa, ¡nunca pierdes tu armonía! / Mi boca ardiente pasa sobre toda tu carne, como sobre la espuma […]. Es como si fueras una niña eterna. La gracia levemente ondulada de la adolescencia —esos brazos, esas piernas, esos senos de las niñas— perdura en tu carne voluptuosa de mujer! […] Vuelvo temblando e impaciente a desnudarte, aquella línea suave del pecho […]», p. 227. Pasajes de similar calado pueden encontrarse en las páginas 199, 202, 203, 204, 205, 215, 218, 231, 279, 284, 285, 287, 291, 296, 297 y 302. Por su carácter fetichista y necrófilo destacaré la composición titulada «La seda de tu sexo», p. 228.

156. Cansinos Assens 1, 2009. p. 159.

pasó casi todo el otoño[157]), a donde había llegado desde Burdeos.

A finales de año llega a Madrid e ingresa en el sanatorio del Rosario, donde el poeta recibe a sus amigos literatos y les cuenta que está siendo tratado por Luis Simarro, que le receta bromuro para su tristeza y su angustia[158]. Es probable que el moguereño tomara algo más que bromuro porque cuando sus contemporáneos le preguntan si trabaja el poeta responde «sí, claro, trabajo…, es mi único consuelo…, rimo mis penas…, mis visiones…, mis espantos… Estoy rodeado de dolor… Aquí todos los días, alguien se muere…, lo siento, aunque me lo ocultan… Este es un ambiente de Poe… Y yo tengo a veces la sensación de que me rozan almas que se van y veo cuerpos sin cabeza y grandes arañas peludas… Y para ahuyentar esas visiones, escribo[159]».

---

157. González Duro, 2002. p. 78.
158. El ayudante de Simarro le dice «lo que usted tiene son dengues… Usted lo que tiene que hacer es venirse conmigo y con unas pelanduscas a la verbena y coger una pitima». En Cansinos Assens 1, 2009. pp. 163-164.
159. Cuando el poeta se dispone a leerles un fragmento aparece una novicia para medicarle. «El poeta hace un leve gesto de conformidad: —Muchas gracias, Francina —e ingiere dócilmente la droga: bromuro». Cansinos Assens 1, 2009. p. 165. Bajo la premisa de un Juan Ramón medicado cabría entender mejor los textos recogidos en el volumen de *Primeras prosas* (1898-1903). Destacaremos por paradigmático los siguientes fragmentos: «Yo tengo siempre miedo a algo estraño, a una posible aparición macabra, a un no sé qué siniestro e invisible que me acompaña a todas partes. Y algunas de estas largas noches de insomnios y desesperanzas me da horror estar solo. […] Mi miedo es intenso y febril y la aparición casi cierta. Dos veces he visto en mi vida, a las altas horas de la noche, un hombrecillo estraño cuya mirada fija y siniestra me ha helado el alma. Y por los corredores largos encuentro siempre un perro negro con cabeza de hombre; sonríe y tiene los ojos iluminados y magnéticos; la esclerótica, de un amarillo intenso,

En dicho sanatorio, en el que residió durante dos años, el poeta va a tener distintos escarceos con las novicias:

> En las noches de agosto, las hermanas se sentaban en la terraza sobre la capilla en mecedoras —la pereza y la noche con su falta de voluntad permitían el lujo— y se quitaban las mangas interiores. Así con los brazos hacia arriba, cogidas las manos al respaldo,

---

y la pupila, fúnebremente negra. Me invita hipócritamente y me sigue despacio, esperándome a la vuelta de los pasillos oscuros. Hay días en que el perro debe estar enfermo, porque viene a sonreírme con la misma cabeza de hombre; una araña verde, grande, monstruosa, y esta ya entra en mi cuarto y sube por mi lecho blanco con sus patas erizadas». En Jiménez, 1969. p. 90. En el mismo sentido escribe una composición en «Arias Tristes»: «Alguna noche que he ido / solo al jardín, por los árboles / he visto a un hombre enlutado / que no deja de mirarme». González Duro, 2002. p. 86; y el titulado «Sangre»: «He soñado con sangre. En el primer sueño, el sueño duro, el sueño pleno, entero, cálido, verdadero. Ríos de sangre han corrido por mi frente y me han enrojecido todo. Al despertar he mirado mis manos, mis sábanas, porque tenía la evidencia de que estaban sangrientas». Jiménez, 1969. p. 425. Publicado bajo el epígrafe de «Notas» (1907-1917) el poeta escribe un aforismo en la misma línea: «Mis ensueños, a veces, se suceden de tal modo, en tal número inestinguible, que parece que me estoy desangrando», en Jiménez, 1969. p. 749. Dentro de *Diario vital y estético*, en «Sino de vida y muerte 1», Juan Ramón escribe otro texto «alucinado»: «Dos veces lo he visto en mi vida. La primera fue una noche de invierno y de frío en Sevilla a la salida de un teatro. [...] Era un hombrecillo enano, magro, carnavalesco, iba envuelto en harapos sombríos y, en la suciedad del rostro, los ojos eran de un brillo, de un guiño, de una burla, inolvidables. Cuando fui a darle una limosna había desaparecido. [...] Pero en las altas horas de una noche de Madrid, cuando mi coche llegaba a la verja de un hotel de las afueras, el hombrecillo enano, magro y carnavalesco abrió la portezuela. Brillaron los ojillos fijos y burlones. Vacilé un instante, con el mismo frío de la otra vez, bajé del coche y miré. [...] ¡Nada! Pregunté al cochero: quién ha abierto la portezuela. / —Nadie, señor. / —Está bien. / Y en la casa me encontraron pálido [...]». En Jiménez, 2005. p. 902.

surgían malamente, sobre lo negro, finos brazos blancos de sombra, entre el perfume y el color de los rosales desbordantes. Bajo las estrellas infinitas y el eclipse de una luna grande de plata... yo se los acariciaba a la hermana Amalia, largamente, hasta llegar por la abertura grande del hábito a los pechos menudos, medrosos, solo vistos por las manos, porque el hábito no se podía quitar fácilmente[160].

Para el poeta serán dos de los mejores años de su vida:

> En este ambiente de convento y jardín he pasado dos de los mejores años de mi vida. Algún amor romántico, de una sensualidad religiosa [...][161].

En el mes de diciembre de 1901 escribe una carta a su amigo Gregorio Martínez Sierra donde explica su malestar y el remedio que venía utilizando para paliarlo:

> Yo no estoy bien, ni medio bien. La otra tarde perdí el conocimiento en casa de Simarro; gracias a Dios que fue allí y que él pudo asistirme; de otro modo no sé qué me hubiera ocurrido. Además, me han puesto unas inyecciones de morfina para calmar dolores cerebrales, y la morfina me ha trastornado un poco[162].

En el mismo sentido rezan las anotaciones de su

160. Expósito, 2021. p. 140.
161. Fernández Berrocal, 2007. p. 50.
162. Jiménez, 2006a. p. 89.

diario donde el poeta deja testimonio de su consumo de opiáceos en la bitácora que redactó entre el 28 de octubre y el 27 de noviembre de 1903. Juan Ramón tiene veintiún años y toma «quizás demasiado a menudo, unas gotas de láudano, la solución a base de opio que los médicos de la época recetaban quizás también demasiado a menudo[163]» como reconoce la *juanramonista* Soledad González Ródenas.

También el periodista Manuel Ansede afirmó que el poeta «era adicto por entonces a este narcótico»[164].

En el recién reeditado *Diario íntimo* de Juan Ramón Jiménez, se reflejan distintos pasajes donde el poeta describe estados compatibles con los efectos del alcaloide. Comienza su dietario apuntando «octubre, día 28. Hago memoria… ¿A dónde fui esta mañana…? No lo sé a punto fijo», […] «estoy fatigado y ando como borracho […]. Tengo cansancio y sueño… Y frío…». A veces se deja imbuir por una pose modernista de pesadumbre sin que podamos dilucidar a qué es debido realmente. El propio Juan Ramón escribe «y no sé por qué tengo pena». Otras veces reconoce que se encuentra mal, «débil, excitadísimo, lleno de vértigos y de obsesiones[165] […] he vuelto a casa, precipitado, y como borracho[166],

163. Jiménez, 2022, p. 20.

164. En un artículo del diario *El País* donde se hace eco del descubrimiento de Javier Bandrés en el que se da noticia de las inscripciones que Juan Ramón Jiménez hizo sobre la lápida sepulcral que él mismo diseñó para inhumar los restos de Mercedes Roca, quien fuera mujer de su médico Luis Simarro. Uno de los grabados era una amapola de opio.

165. Jiménez, 2022. pp. 31, 58, 68, 76 y 95-97

166. Sensación de ebriedad que describe varias veces. En Jiménez, 2022. pp. 104 y 107.

sintiéndome morir bajo el cielo negro, y por las avenidas de los paseos sombríos[167]». El moguereño anota en ocasiones que no recuerda[168] lo que hace en el día. Otras veces se siente un alma desesperada y detalla «no sé lo que tengo. Pero he pensado con cariño en la muerte», lo que le conduce a la angustia y al llanto[169].

Las interpretaciones quedan relegadas ante el propio testimonio del poeta. En cuatro ocasiones, en un diario de apenas un mes, Juan Ramón reconoce que consume opio. El día 8 de noviembre anota: «Hoy estoy más tranquilo, tal vez a causa del opio que tomé ayer». Al día siguiente, tras haber pasado el día en casa de su médico Luis Simarro escribe que «he venido tembloroso, agitado y lleno de temor a un grave accidente. Por lo cual, antes de cenar he tomado unas gotas de opio». El poeta trasluce que ingiere láudano como si fuera un tónico diario.

El 17 de noviembre anota que «Antes de salir [sic] he tomado unas gotas de opio. Y luego me he ido a ver a Simarro».

La propia sensibilidad del rapsoda parece estimularse con la ingesta del alcaloide, en una relación causa-efecto como se desprende de la anotación relativa a ese mismo día. Juan Ramón escribe que «después de comer he escrito una poesía: "Lirio-azul" Y muy excitado y muy lleno de miedo me he ido a casa de Simarro».

El día 18, vuelve a anotar su ingesta matutina:

---

167. Jiménez, 2022. p. 98.

168. Sensación que describe varias veces. En Jiménez, 2022. pp. 104, 107 y 109.

169. Sensación de finitud que describe varias veces. En Jiménez, 2022. pp. 102, 104 y 107.

Al levantarme, he tomado unas gotas de opio, amargo y exquisito.

González Ródenas incluye con criterio un apéndice de textos que complementan al exiguo diario. Se trata de composiciones que clarifican las anotaciones del poeta. Algunas, incluso, elaboradas en el mismo periodo de la citada bitácora. En el poema «Lamento de primavera» leemos: «Oh, sordo!, oh ciego!,/oh, mudo! Yo/te daba opio, /te daba bro—/muro, té, método,/libro y reloj.../y estabas hecho para el amor![170]». Unos versos que el moguereño reelaborará con el tiempo hasta hacer desaparecer la alusión al alcaloide[171]. Reconstrucciones que fueron un procedimiento habitual a la hora de revisar su vida «buscando aparecer desde el principio como un poeta coherente y con las ideas extremadamente claras», como apuntó el profesor Jorge Urrutia[172].

---

170. Jiménez, 2022. pp. 73, 80, 100, 102 y 207.

171. Cambia bromuro por bromidia y omite la palabra opio. Para que el lector pueda contrastar las versiones de «Lamento de Primavera» acuda a Jiménez, 1964. p. 711 y Jiménez, 2006b. p. 232.

172. «Pero es que Juan Ramón Jiménez, como he insinuado antes, reconstruye su vida desde muy pronto, buscando aparecer desde el principio como un poeta coherente y con las ideas extremadamente claras. / Dos son los procedimientos que utiliza Juan Ramón para reconstruir su vida. Por un lado narra anécdotas que deforman lo realmente sucedido. Por otro escribe poemas que fecha muchos años antes. En varias ocasiones he explicado cómo el poeta dice de sí mismo cosas inexactas, con la finalidad de aparecer ante la posteridad como un escritor de vocación irrevocable. Tal vez lo que más llama la atención es cómo falsea las fechas con el objeto de que se crea que él había descubierto tempranamente la importancia de la poesía de Bécquer o que se le estime formado por profesores krausistas». VVAAa, 2006. p. 195.

Dentro del apéndice de textos, Ródenas incluye la «Balada del corazón hipertrofiado» donde el poeta nos da algunas pistas sobre el origen de sus angustias cardiacas que el avezado lector relacionará con el «lamento» y que reinciden en la imagen medicada del poeta:

> Toc, toc; tic, toc... Bromuro, Esparteína... Y el cielo está azul y canta el gorrión en el jardín. [...] ¡Oh, mis pobres piernas lánguidas vacilan...! ¡Al sillón! Toc, toc; tic, toc... [...] Sofocado y pálido, como Verlaine [sic] recuerdo los días antiguos y lloro... toc; toc, toc... y mi corazón endurecido quiere partirme el pecho. ¡Bromuro, Esparteína! ¡Y el cielo está azul y dorado y canta el gorrión en el jardín!».

Los textos recogidos por Soledad González Ródenas en la edición del *Diario íntimo* muestran un Juan Ramón alejado del estereotipo al que nos tenían acostumbrados.

En el estudio introductorio del mismo libro se recalca la necesidad que tuvo el poeta de convivir cerca de un galeno a lo largo de su vida. De las prudentes palabras de Ródenas se trasluce que Juan Ramón hubo de regresar a España por sus escarceos «más allá de lo conveniente con el servicio doméstico [...] y quizás algunos inapropiados galanteos con la esposa del doctor Jeanne Roussie[173]», quien se encargó de su atención durante su estancia en el Sanatorio de Castel d'Andorte de Burdeos, en octubre de 1901.

173. Jiménez, 2022. p. 209. Pasajes que oscilan entre el enamoramiento beatífico y una lascivia soslayada se pueden encontrar en la citada edición del diario. Ver pp. 86, 87, 98, 104, 199 y 226.

Una vez regresado a Madrid, el poeta residió en el Sanatorio del Rosario y pasó parte del verano en la sierra de Guadarrama con el doctor Sandoval. Cuando termina su estancia veraniega, regresa al domicilio del doctor Luis Simarro para afrontar el otoño en la capital.

En noviembre se sincera por carta con Rubén Darío sobre su estado:

> Crea usted, mi querido poeta, que yo no estoy bien ni mucho menos, y, lo que es peor, que nunca estaré bien; he jugado mucho con las sombras de la muerte, y con las apariciones[174].

Juan Ramón vive en casa del doctor Simarro del que apenas se despega y al que incluso acompaña mientras ejerce o imparte sus clases de medicina.

En agosto de 1905 el poeta se desplaza a Moguer debido a «la ruina de mi casa» y el deterioro de la economía familiar[175]. En Moguer va a pasar los siguientes siete años de su vida. Allí se instala en casa del médico Luis López Rueda y su esposa. El poeta mantiene contacto epistolar con distintas amistades entre las que se encuentra el productor teatral Gregorio Martínez Sierra y su mujer María Lejárraga.

En una carta que le dirige a la esposa del empresario, le confiesa «créame, no tengo fuerzas, estoy casi ciego, tiemblo mucho, en fin, no sé».

174. Jiménez, 2006a. pp. 125 y 129.
175. Jiménez, 2005. p. 24.

A lo largo de la correspondencia mantenida con Martínez Sierra le cuenta que padece ataques convulsivos con pérdida de conocimiento y parálisis, lo que le obliga a pasar el día entre médicos porque se encuentra «medio muerto». No sería extraño que cada uno de los galenos le proporcionara algún tipo de tratamiento, a sabiendas de su hipocondría.

En octubre de 1905, el médico de Moguer le traslada a Madrid para hospedarle en casa del médico Valentín Sama Pérez. El poeta se siente morir, tiene temblores bruscos y un «desprendimiento interior». El enfermo anda de médico en médico. A María Lejárraga le confiesa que lleva unos meses de «idiotismo absoluto» y piensa que se le ha descompuesto la cabeza para siempre. Juan Ramón reconoce que anda detrás de su médico todo el día y que, incluso, le sigue al laboratorio[176].

De 1906 es una carta que dirige a Gregorio Martínez Sierra en la que se autodenomina «perro de médico[177]». Confiesa sus dolencias a la mujer de este, por quien se trasluce un *flirteo* por parte de Juan Ramón tras la lectura de su epistolario[178]. El poeta tiene el propósito de que se apiade de él como más adelante hará con la que será su mujer, a la que aplicará una persuasión cercana al chantaje emocional[179].

---

176. Jiménez, 2006a. pp. 149-152 y 154.

177. Jiménez, 2023. p. 7.

178. «Queridísima María: / los Reyes me han traído una lesión de aorta y la idea del suicidio». Jiménez, 2006a. pp. 160-167. En carta a Enrique Díez Canedo le confiesa: «Tiene usted razón al decir que María es extraordinaria», en Jiménez, 2006a. p. 198.

179. Javier Blasco y Antonio Piedra lo califican de «asedio». VVAA a2006, p. 110. El poeta ejerce una victimización como enfermo desvalido

Durante el año de 1908 el poeta contrae paludismo y es tratado con quinina, lo que agrava su estado de salud y amplía el abanico de remedios que recibe[180]. El texto «Misa solemne», fechado entre 1906 y 1911, recoge la confesión de que «asistía frecuentemente» a la botica porque era una casa tranquila, con periódicos «y con médicos frecuentes para mis preocupaciones[181]».

En 1909 Juan Ramón ya utiliza su enfermedad como tema de conversación con las mujeres como trasluce en su correspondencia con Luisa Grimm:

> Me habla usted de un *sanatorium* de Terriet... Me seduce esa idea. Espero los catálogos que me ofrece. [...] ¿Cómo anda eso de médicos?[182]

Juan Ramón continúa carteándose como forma de romper su aislamiento moguereño. Sigue en su pensa-

---

también frente a su futura suegra Isabel Aymar a la que intenta persuadir a que acceda al casamiento de su hija mediante extensas cartas. Jiménez, 2006a. pp. 395, 433, 448, 467, 476-477 y 481. Para saber más acerca de la concepción que tenía el poeta sobre la mujer cabría conocer la misiva dirigida al Club femenino español: «No creamos que la formación de ese Club va a hacer como la anunciación de la mujer jenial española. / La mujer jenial ha salido sola en todos los tiempos y circunstancias: Safo, Mad. Staël, Mad. Curie, la Condesa de Noailles, Rosalía de Castro, Berta Singerman. El feminismo no es la feminidad; es la masculinidad. Las grandes armas de la mujer son la gracia, la delicadeza, la timidez. No las quiera cambiar por otras más fuertes. Es como el niño, al que no debe querer convertir en hombrecito. ¿No será esto trabajar contra la mujer misma, contra el hombre y el niño? [...]». Jiménez, 1981. p. 117.

180. Jiménez, 2006a. p.198.

181. Jiménez, 2005. p. 210.

182. Jiménez, 2006a. p. 539.

miento la necesidad de vivir cerca de un médico hasta el punto de planear mudarse con Martínez Sierra y María Lejárraga en 1910, siempre y cuando alquilen una vivienda cerca de alguna casa de socorro[183].

La enfermedad nerviosa del poeta le anula[184]. Dentro de *Paisajes Líricos,* textos escritos en Moguer de 1906 a 1912, encontramos los titulados «Ensueño», «Superposición» y «Desvelado» con un marcado carácter alucinatorio[185].

Juan Ramón lleva ya más de una década instalado en su *enfermedad.* Algo que comienza a ser *vox populi* y que incluso a él mismo le entristece repetir. En carta a Felipe Cortines le explica que, además, la primavera no le sienta bien y se encuentra invadido por «una laxitud que

---

183. «Si usted tomara una casa cerca de una de socorro —cosa fácil, pues en Madrid hay 15 o 20 casas de socorro, en diversos distritos— y me cediera un par de habitaciones —dormitorio y cuarto de trabajo— podríamos vivir juntos —y separados, ¿eh?— una vida bella el tiempo que yo estuviera en el planeta, que creo que no será mucho; comeríamos unidos; después independencia absoluta; en los veranos se quedaría la casa puesta, y yo en ella; mis muebles correrían de mi cuenta; y nos ayudaríamos en nuestra labor de arte y ablandaríamos el ambiente nuestro. Yo entregaría a María —administradora inflexible— 40 duros mensuales». Jiménez, 2006a. p. 241. Esta idea sigue presente en el poeta dos años después y se la reitera a Francisco Pompey: «En Madrid deseo hospedarme al lado de una casa de socorro. [...] Vea si puede encontrarme algo. Se lo ruego encarecidamente». Jiménez, 2006a. p. 363.
184. Jiménez, 2006a. p. 293.
185. Aparte del ya citado «Sangre» y otros de similar tono febril. «El sol dorado del año 1830 endulzaba estos mismos toronjos. [...] Superposición de fechas, alucinante tiempo muerto. Sol de oro lejano que apareces de pronto para llenarme todo de una lírica confusión inesplicable». «Me parecía estar viendo desnudarse lo sobrenatural y la confusión de su centro en una niñez atónita me agudizaba todo». En Jiménez, 2005. pp. 216-223.

sólo me permite el ensueño quieto y doliente». En carta a Unamuno le hace partícipe de su «enfermedad constante[186]».

A finales de diciembre de 1912 el poeta vuelve a Madrid, después de siete años en Moguer[187].

Conoce a Zenobia Camprubí en la Residencia de Estudiantes durante el verano de 1913, cuando ella asiste a una conferencia de Bartolomé Cossío. Parece que fue un enamoramiento inmediato por parte de Juan Ramón aunque no tanto por parte de Zenobia.

Las primeras cartas de quien se convertirá en su esposa, recogidas en el epistolario titulado *Monumento de amor: epistolario y lira,* son del año 1913. El poeta escribe a su amada en agosto, desde Moguer donde suele pasar los veranos, que se siente triste[188] y que solo la noche le consuela un poco y que «ya hace tres que busco en el opio mi sueño. Dormir, dormir mucho, ¡dormirme del todo y para siempre![189]».

A los pocos días, le contesta Zenobia:

> Me fundo en una infinidad de cosas, pero en particular, y muy especialmente ahora, en que la única cosa que yo le he dicho que encontraba muy mal de las muchas

186. Jiménez, 2006a. pp. 331 y 359.
187. Jiménez, 2005. p. 27.
188. Ella por su parte le escribe a su amiga María Martos: «No me embromes con él, es un niñito enfermo, triste y completamente chiflado, ansía alegría y luz [...], tengo ganas de que lleguéis todas del veraneo para que entre todas le saquemos de su neurastenia. [...] Habríamos de pegarle fuego a su biblioteca y hacer sábado de ese laberinto que tiene en la cabeza». Camprubí, 2020. p. 284.
189. Camprubí/Jiménez, 2017. p. 56.

que hace usted, es el tomar opio. Es la única cosa, y enseguida se pone a tomarlo otra vez [sic][190].

Juan Ramón toma nota y se apresura en contestar:

> Otra cosa: le «juro» a usted que yo no soy un «tomador de opio» ¿Quién le ha dicho a usted eso? ¿En tan poco cree usted que estimo mi salud y mi porvenir? Lo he tomado, como medicina, para cosas pasajeras. Lo que sucede es que, por haber vivido yo mucho entre médicos, no le doy al opio la importancia que un «profano» [sic]. Ahora lo tomé cuatro o cinco[191] noches para dormir. [...] Vuelvo a «jurarle» que no lo he seguido tomando y que esta mañana he estrellado el frasco contra una pared del jardín[192].

En septiembre de 1913, el poeta vuelve a Madrid y se instala en la Residencia de Estudiantes donde va a afincarse hasta que contraiga matrimonio con Zenobia[193] en 1916.

En octubre, al cuidado del doctor Sandoval, al poeta le tienen que sacar una muela lo que le produce un flemón. No detalla el analgésico recibido[194].

---

190. «[...] ¡Qué tontería y qué niñería nociva! ¿Por qué? Y después quiere que yo crea que me quiere mucho». En Camprubí/Jiménez, 2017. p. 65. Zenobia sabría de los efectos del opio ya que su padre, José Aymar, tomaba morfina y atropina debido a sus problemas bronquiales, reumatismo y delicada salud. Camprubí, 2020. p. XXIV.

191. Nótese que en la carta anterior decía «tres» noches.

192. Y califica el hecho como «detalles sin importancia». En Camprubí/Jiménez, 2017. p. 71.

193. Campoamor, 1976. p. 128. Para saber con detalle la vida y obra de Juan Ramón Jiménez en la Residencia conviene acudir al libro *La Residencia de Estudiantes: Los Residentes* de Margarita Sáenz de la Calzada.

194. Jiménez, 2006a. p. 406. Es probable que el remedio fuera opiáceo

En primavera del año 1914 la correspondencia entre la pareja refleja las dotes de galeno de Juan Ramón que le manda a Zenobia dos frascos de «anisitos» blancos que no ha tenido que comprar siquiera porque, aunque no los tienen en todas las farmacias, el poeta tenía «de repuesto» en su botiquín personal. Además, se permite aconsejarle la toma de arsénico, y las proporciones que ha de ingerir, con sumo detalle[195].

En julio no tiene reparo en escribir a su pretendida y mostrar sus presuntuosas dotes médicas:

> Yo creo que debo decirle lo que le digo. Su mamá, por ciertos síntomas que yo he visto en ella, debe tener una lesión de corazón[196].

Dentro de su apasionada correspondencia se trasluce un Juan Ramón que utiliza todas sus dotes de persuasión para enamorar a una Zenobia que, al igual que su madre[197], se muestra reacia a sus intenciones. Las cartas del poeta se tiznan en 1915 de un velado chantaje emocional[198]. En septiembre le escribe a su futura mujer que ha estado malucho con un «catarro fuerte que me da un

---

pues la medicina de entonces apenas disponía de otro tipo de analgesia.

195. Camprubí/Jiménez, 2017. p. 104.

196. Camprubí/Jiménez, 2017. p. 133.

197. Isabel Aymar nunca vio con buenos ojos que su hija Zenobia se casara con Juan Ramón Jiménez porque, en su opinión era un «neurasténico egoísta» sin ingresos garantizados. Ver nota 318 de CamprubíCamprubíJiménez, 2017. p. 615.

198. Camprubí/Jiménez, 2017. pp. 407, 420, 447-447, 455, 456, 462, 464, 467, 468, 473, 494, 502, 503, 510, 523, 524, 529, 536, 540, 552, 560, 566, 571, 582, 587, 596, 603, 605, 610, 663, 702 y 751.

gran dolor de cabeza y un gran desmadejamiento[199]. Sin anotar qué tratamiento siguió en su convalecencia.

199. Camprubí/Jiménez, 2017. p. 570.

VIDA CONYUGAL

Madrid (1916-1936)

Pese a las reticencias iniciales de Zenobia Camprubí y de su madre Isabel Aymar, la pareja va a contraer matrimonio en el mes de marzo de 1916. Tras el viaje de bodas, regresan a Madrid donde van a residir en varios domicilios. En 1917, el poeta va a publicar *Diario de un poeta reciencasado*, un libro esencial para la poesía en lengua castellana por cuanto aporta de renovación a las formas de la lírica. Entre 1917 y 1924, el poeta tiene un periodo de frenesí creativo (traducciones y libros de poesía) impelido por las necesidades económicas de mantener la economía de su reciente matrimonio. Algo que finalmente Zenobia resolverá mediante distintos negocios como la exportación de artesanía y el amueblamiento y alquiler de viviendas. A comienzos de los años 20, apadrina a toda una generación de poetas a los que va a publicar en distintas colecciones y revistas, desempeñando una labor casi tutelar para algunos de ellos (Bergamín, Lorca, Alberti, Salinas, Guillén...). Su alejamiento de los poetas del 27, a menudo debido a bagatelas, cuajan a comienzos de los años 30 y se convertirá en ruptura antes de su marcha al exilio cuando estalle la Guerra Civil en 1936, decisión que algunos verán como una deserción[200], pero que en realidad cumplía con no ser temeraria[201]. Antes, en

200. Mora, 2006. p. 352.

201. Después de que un miliciano dijera tener una orden de detención contra él por pertenecer a Acción Católica: «Mi mujer y yo comprendimos

1932, se suicida por amor a Juan Ramón, la joven escultora Marga Gil Roësset. Un hecho que sume al poeta en una nueva depresión[202].

El escritor contrae matrimonio el 2 de marzo de 1916 en Nueva York con Zenobia Camprubí. En el trayecto de vuelta escribe su *Diario de un poeta reciencasado*. En la composición «Llegada ideal» el poeta escucha «con gusto, la charla melancólica de este señor que toma opio[203]», lo que da una muestra de lo normalizado que

---

pronto que no hacíamos nada en Madrid, como la mayoría de los escritores y artistas, que estábamos en un peligro estúpido y constante, ya que en Madrid había gente de todos los partidos y todas las sectas y todas las intenciones, y decidimos pedirle a mi amigo, el presidente D. Manuel Azaña, que nos permitiera salir para Estados Unidos, en donde esperábamos ser más útiles que en España misma. Gracias a Cipriano Rivas, todo se hizo en un día». Trapiello, 2010. p. 102. En el mismo sentido apunta el testimonio de Ernestina de Champourcín que refiere que debido a su pulcra apariencia el poeta resultaba sospechoso a ojos de algunos milicianos, quienes creían que «su barba era de cura». Champourcín, 1996. p. 62/64. Otras declaraciones y datos en la misma dirección pueden encontrarse en VVAA a2006. p. 347.

202. Blasco, 2009. pp. 233-346.

203. Jiménez, 1970. p. 109. En el fragmento 4 de su poemario póstumo *Tiempo*, el poeta escribe: «Recuerdo las dos veces en que me hubiera muerto sin darme cuenta, ni sentir el parto ni inquietud ni tristeza, sin sentir la vida ni la muerte; una, aquel mareo en el mar cerrado, cuando estuve no sé cuánto tiempo tirado al pie de una escalera a babor, desaparecido de mí mismo y, por lo visto de todos». Jiménez, 2012b, p. 256. Podría tratarse del viaje de ida a Nueva York que el poeta realiza solo. El resto de sus trayectos marítimos los hará acompañado de su mujer que solía dejar constancia de los incidentes más relevantes de la vida conyugal a través de las cartas a familiares y amigos o a través de su diario personal. De ser así, entenderíamos mejor el mensaje de la carta que le escribirá años después a Enrique Díez-Canedo, donde hace una crónica de su salida del hospital tras una intoxicación por morfina en 1940 y que dará pie a la redacción de *Espacio* y *Tiempo*: «empecé a verme, y a ver lo demás, en los días de España;

estaba su consumo, algo que se corroborará más adelante en la escena titulada «¡Dulce Long Island!» donde Juan Ramón describe una isla de «loros disecados y armaduras, columpios de bronce y cuadros de opio, divanes turcos y pianolas; dulce Long Island».

Cuando se refiere a las aves que divisa se refiere a ellos como «tus pájaros infinitos más que la simiente de la adormidera».

En «Cosmopolitan Club», el poeta describe a una mujer con «su cara de ceniza, sus grandes gafas redondas, su disfraz blanco de viuda y su gran adormidera roja en el vientre[204]».

El día 5 sabemos que ya tiene tos, ronquera, escalofríos[205] y dolor de cabeza. A los pocos días el poeta está mejor tras haber tomado Aspirina y medicinas (sin especificar) que Margaret Paulding le ha traído[206]. Sin embargo, no mejora y se encuentra desanimado por lo que

---

desde fuera y lejos, en el mismo tiempo y en el mismo espacio. Se produjo en mí un cambio profundo, algo parecido al que tuve cuando vine [sic] en 1916». Jiménez, 2012b. p. 40. El poeta lo escribe también en el fragmento 1 de su obra *Tiempo* cuando hace referencias a sus trances de ensoñación poética: «El *Diario de un poeta* está lleno de esos estados». Jiménez, 2012b. p. 220. De esta manera tanto dichas obras (*Espacio* y *Tiempo*) como *Diario de un poeta reciencasado*, habrían sido redactadas bajo la influencia opiácea de «embriaguez rapsódica» y de «fuga incontenible» que refiere a Canedo. Algo a considerar también para *Animal de fondo* y *Dios deseado y deseante*. También es de 1916 la composición titulada «El estrañista», «dibujado súbitamente por no sé qué plástico espejismo». Jiménez, 1960. p. 138.

204. Jiménez, 1970. pp. 261 y 263.

205. «Escalofríos» que aparecen dentro de la composición «Amanecer» junto a una «pena aguda» de su *Diario de un poeta reciencasado*. Jiménez, 1970. pp. 77-78.

206. Camprubí, 2020. pp. 368-371.

su mujer ha de llamar a un médico que le recomienda tomar «un tónico [sin especificar] y no salir hasta que saliera el sol». Por otra parte, su amiga Margaret le manda una botella de citrato de magnesio que al poeta le produce una grave colitis por lo que «ha tenido que ir al cuarto de baño ocho veces y lo que aún le queda[207]». Dos días después, el poeta se encuentra recuperado totalmente sin que Zenobia haga referencia a qué tratamiento ha recibido[208].

En agosto de 1917, el matrimonio se encuentra en Madrid durante el verano debido a sus estrecheces económicas. Zenobia le escribe a su madre Isabel Aymar que «por la noche J.R. tomó "bromuro" para poder dormir». El poeta se esfuerza en trabajar su obra para ganar el dinero suficiente que haga que Zenobia y su madre le vean con buenos ojos, pero sigue «nervioso» lo que a veces le impide escribir «absolutamente nada». Ella comienza a notar que, pese a no tener actividad física, su marido está «completamente cansado, agotado y apagado[209]».

No deja de resultar curioso que un hipocondriaco y polimedicado no se vacunase de la gripe española que causó miles de muertos en 1918 y que hasta la llegada de

207. Camprubí, 2020. p. 371.

208. Por cómo trata el poeta sus posteriores colitis se podría aventurar que se restableció en tan poco tiempo mediante la ingesta de láudano, ya que el día 8 tiene ese ataque de colitis y el 13 escribe a su madre para decirle que «Mi silencio de ayer y anteayer no indica más sino que Juan Ramón ya está bueno y que nos hemos lanzado a hacer cosas que tenemos abandonadas». Las prevenciones de Isabel Aymar a que su hija contrajera matrimonio con el poeta haría comprensible que soslaye el remedio empleado. Camprubí, 2020. p. 373.

209. Camprubí, 2020. pp. 431 y 440.

la COVID-19 sería la mayor epidemia que haya asolado Europa en su historia reciente[210]. Para contrarrestar sus efectos, Juan Ramón abogaba por una buena alimentación e higiene a base de Gomenol[211] «y no estar cerca de los enfermos[212]».

El poeta le cuenta por carta a su madre Purificación Mantecón que Zenobia ha pasado una gripe «corriente» y que para esos casos lo mejor es la Aspirina, naranjada, leche caliente y un reposo de cama. Conforme su vida de enfermo crónico se asienta, vemos que el poeta comienza a ejercer consejos de galeno[213] con sus allegados:

> Si la persona no tolera la aspirina, bromoquinina, que fue lo que yo tomé[214].

---

210. No deja de ser significativo en alguien con la hipocondría demostrada por Juan Ramón. «Eustaquio [hermano del poeta] me pregunta por la vacuna de la gripe. Yo, que veo aquí a los mejores médicos, deduzco que no sabe nadie con exactitud qué enfermedad es esta, y que, por lo tanto, la vacuna no ofrece seguridad alguna. Nosotros no nos hemos vacunado». Lo que despertará en el lector actual cavilaciones en torno a las polémicas que la vacunación masiva de la COVID-19 ha tenido entre la población a raíz de los numerosos efectos secundarios que ha producido. Jiménez, 2012a. p. 87.

211. Jiménez, 2012a. pp. 87-89. En carta a su hermano, ya ejerce de recetador: «Ayer te escribí y te mandé el Gomenol. Dentro de unos días, mandaré otro tubo. Ya sabes: unas gotitas en un algodón, y tenerlo en la nariz unos cinco minutos, respirando suavemente. Tres veces al día, y cuando se esté cerca de algún enfermo o en sitios de atmósfera viciada». Jiménez, 2012a. p. 89.

212. Jiménez, 2012a. p. 87.

213. Consejos en materia médica pueden leerse en Jiménez, 2012a. p. 165 (paludismo) y p. 333 (mareos y gastroenteritis).

214. Jiménez, 2012a. p. 88.

La sempiterna melancolía continúa presente en la vida del poeta. En 1919 el escritor se sincera por carta con su esposa, que se encuentra en el balneario de Cestona para paliar sus problemas bronquiales, a quien dice que «la tristeza deja bien poco fruto en la vida, sobre todo cuando es vaga y sin sentido. Antes, me gustaba y la alimentaba[215]», dejándonos una pista sobre el origen de la misma.

Juan Ramón recibe «tratamiento» por parte de Gregorio Marañón al que escribe en julio dándole las gracias «por el análisis[216]».

En septiembre de 1919, el poeta se encuentra «endeblucho[217]».

En abril del año siguiente, el escritor va a sumar a su larga lista de dolencias un ataque de gota, sin que especifique el remedio aplicado para aliviar el dolor causado por el exceso de ácido úrico[218].

En junio de 1920, el poeta va a protagonizar uno de los episodios más hilarantes de su biografía al solicitar por carta a su vecino el traslado de habitación de un grillo que le molestaba.

Al poco tiempo, otro grillo molesta al poeta con su canto:

> Por fin, no pude más; y le dije a Honorio Igelmo, el niño del portero, dueño del grillo real, que si me lo quería vender; que le daría un duro, o dos, o cinco, lo que él

215. Camprubí/Jiménez, 2017. pp. 777 y 785.
216. Jiménez, 1973. p. 209.
217. Camprubí/Jiménez, 2017. p. 794.
218. Jiménez, 2012a. p. 139.

quisiera; con la idea de llevarme al acerado animalito oscuro al Retiro y hospedarlo entre la yerba más distante. El chiquillo abrió unos ojazos enormes, asombrados, que a mí me parecieron dos grillotes melancólicos, de honda música triste, creyendo yo que se le convertían en pena, con mi pregunta. ¡No, gracias al dios del silencio, existente, para mí aquel día! Me dijo el castellanito: «Por un duro voy a traerle al señor cinco grillos de los buenos [...][219].

Esta fobia a los ruidos (y a los olores) comenzará a ser una constante en su vida cotidiana.

El poeta continúa bajo supervisión de Gregorio Marañón, quien le envía sus textos científicos, literatura a la que Juan Ramón era tan aficionado[220].

A principios de diciembre, el eminente doctor le remite resultados de unos nuevos análisis[221].

En palabras de Zenobia, el 22 de diciembre de 1920 el poeta «ha estado vomitando tantísimo toda la noche que esta mañana abandonamos la idea de salir[222]», sin que especifique a su madre (a quien va dirigida la carta) a qué se debió ese episodio.

Entre las dolencias que refleja Juan Ramón Jiménez

219. Guerrero Ruiz, 1999. pp. 102-103. y Jiménez, 2012a. pp. 143 y 148. Campoamor, 1976. p. 203.

220. «Mi querido amigo: muchas gracias por su folleto *La reacción emotiva a la adrenalina*, que estoy leyendo con el interés y el gusto con que leo todo lo suyo». Jiménez, 1973. p. 210.

221. Jiménez, 1973. p. 211.

222. Camprubí, 2020. p. 571. Antonio Escohotado detalla que uno de los efectos secundarios en el uso de la morfina es la manifestación de náuseas, «una tendencia al vómito (máxima si el sujeto pretende moverse)». Escohotado, 1999. p. 1207.

en su epistolario durante 1921 están los enfriamientos y dolores cerebrales[223]. En agosto, el poeta sufre un desvanecimiento en plena calle[224] sin especificarse, tampoco en esta ocasión, a qué fue debido.

En septiembre, el poeta vuelve a su gripe que le hace ver «no sé qué arcoíris fúnebres, como siempre que estoy así[225]». Al poco, Juan Ramón le dice que tiene la cabeza como un bombo, «entre esto y la bromoquinina estoy medio tonto. Casi no sé qué te digo y me parece que lo estoy soñando[226]». El poeta no cuenta con la presencia de su médico y le escribe a su mujer (que pasa el verano junto a su madre en el norte de Navarra[227]) que «me estoy curando solito[228]».

En 1922, nos encontramos a un Juan Ramón que comienza a autodenominarse «poeta gotoso» y confiesa estar sujeto a una «severa dieta alimenticia».

Durante 1923, la enfermedad que padece es la gripe[229]. Hay que acudir al epistolario de Zenobia con Juan

223. Jiménez, 2012a. pp. 225 y 143.
224. «[…] Sentía un dolor agudísimo, me bañé con jabón fenicado porque tenía erosiones sangrientas, y luego me eché alcohol en todas las magulladuras». A continuación aporta un dato a tener en cuenta: «No sé si es el golpe o qué me ha tenido en un estado terrible de nerviosismo estos días». Camprubí/Jiménez, 2017. pp. 841 y 842.
225. De nuevo el poeta se muestra autoindulgente y le pide perdón a su mujer por si le ha sentado mal algo de su anterior carta porque se lo decía «sólo con melancolía…y con unas décimas. Pero no te alarmes, que no tengo nada». Camprubí/Jiménez, 2017. p. 845.
226. Camprubí/Jiménez, 2017. p. 850.
227. Donde permanecen del 17 de agosto al 7 de septiembre. Camprubí/Jiménez, 2017. p. 814.
228. Camprubí/Jiménez, 2017. p. 855.
229. Jiménez, 2012a. pp. 265, 289, 294 y 326.

Guerrero Ruiz para conocer más información y ayude a entender las particulares características de la que padece Juan Ramón. El poeta se encuentra «muy flojo» y con unas décimas de fiebre que «tardan en desaparecer[230]».

El poeta continúa con sus «ligeras indisposiciones», malestar físico, pena y nostalgia[231]. En julio de 1924 se le complica la tristeza con un terrible cólico. Por las noches sueña «con profundo malestar, todas las noches», lo que le hace despertar «como enfermo, agobiado de no sé qué techos asfixiantes».

Poco después le escribe a su mujer que «ayer tuve una neuralgia facial horrorosa» que le llevó a estar en cama todo el día. De nuevo no especifica con qué medicamento se trató. El poeta, además, asiste al ocaso de su madre algo que le llena de zozobra y ahogo[232].

Como veremos, la enfermedad de Mamá Pura fue paliada con láudano y asistiremos a un cierto paralelismo con las propias dolencias del poeta[233].

Juan Ramón, en carta a Juan Guerrero Ruiz de julio de 1925, le especifica que está en cama con una «intoxicación de leche[234]».

---

230. Camprubí, 2006. p. 14.
231. Jiménez, 2012a. pp. 338 y 350.
232. Camprubí/Jiménez, 2017, pp. 885, 889 y 893.
233. Llegará el mes de agosto de 1928 cuando el poeta le escriba una carta a Zenobia desde Moguer donde explica que su madre, Purificación Mantecón, se encuentra mal: «Parece una sombra. Desconocida de facciones, de todo. Pero sin consentir que nadie la levante, ni la acueste, ni la vista, ni nada. Ayer tenía 37,7 grados; hizo ocho deposiciones». Jiménez/Camprubí, 2017. p. 896.
234. Jiménez, 2012a. p. 382. Al poco, escribe a Bergamín para decirle que acaba de regresar de El Escorial con un mix de enfermedades retóricas: «intoxicado, con cefalaljia, vértigo y náuseas».

En el mes de agosto de 1926, cuando vuelve de Galicia, sufre un terrible ataque de colitis. El poeta lo achaca al severo régimen de comidas al que le habría «sometido» Gregorio Marañón. Años después dirá que desde ese «ataque» no ha estado completamente bien[235].

Comienza el año de 1927 con más tratamiento y enfermedad, pasándose todo el mes de enero enfermo[236] para volver a recaer en abril[237].

Con la llegada del nuevo año de 1928, Juan Ramón vuelve a sus viejas enfermedades.

Después de un periplo por Irún, Hendaya y Biarritz, el poeta viaja a Lourdes en pleno agosto de 1929, donde descubre el poder curativo de sus aguas hasta el punto de creer que le van a restituir la salud[238].

El día de Navidad de 1930, Juan Guerrero Ruiz llama por teléfono a su amigo Juan Ramón, pero Zenobia le dice que no podrán verse porque el poeta «se sintió enfermo esta madrugada con un fuerte dolor y que el médico ha tenido que inyectarle morfina[239]». Al día siguiente, el poeta se siente mejor y su amigo Guerrero acude a su domicilio donde le encuentra recostado sobre el sofá del gabinete «abrigado con una buena manta y reclinada la cabeza sobre unos almohadones». Allí le explicó que había tenido una arritmia de madrugada lo que precisó

235. Guerrero Ruiz, 1999. p. 311.
236. Jiménez, 2012a. pp. 433 y 435.
237. «Enfermo, hace una semana, no me fue posible asistir, como era mi deber a esa primera sesión poética». El escritor, a sabiendas de que «su enfermedad» comienza a estar en boca de todos, la utiliza como excusa. En Jiménez, 2012a. p. 455.
238. Jiménez, 2012a. pp 448 y 507.
239. Guerrero Ruiz, 1998. p. 87.

que el médico le pusiera una inyección de morfina[240].

Arranca el año de 1931 muy enfermo, «fuera del mundo», le escribe a Fernando de los Ríos. Su amigo Juan Guerrero le encuentra con arritmia. Los médicos no le dan importancia ni quieren ir a verle, cosa que molesta al poeta[241].

Juan Guerrero continúa con sus visitas al poeta que se encuentra mejor «con un tono más elevado», gracias a unas inyecciones intravenosas (sin especificar de qué) y a un preparado norteamericano compuesto a base de pasionaria y ciprés que le viene muy bien para sus nervios.

A finales del mes de febrero, el amigo del poeta le llama para interesarse por su salud a lo que responde que no muy bien. Está pensando en trasladarse a una clínica de París donde curan «estos padecimientos» y que sus médicos no aciertan a tratar «pues este sistema del opio agota la paciencia y sólo consigue estar un día bueno y otro malo». Cuando llega a su casa a verlo, Juan Ramón está disgustado porque ha reaparecido «la colitis antigua» después de llevar un año bastante bien[242].

A finales de marzo, Zenobia escribe a Ignacia Jiménez (cuñada del poeta) una carta esclarecedora acerca del uso que hacían del alcaloide en el domicilio familiar para tratar los procesos gripales:

---

240. Guerrero Ruiz, 1998. p. 87 y González Duro, 2002. p. 279.
241. Juan Ramón le dice a su amigo Juan Guerrero que él también tiene algo de médico y le pronostica 72 pulsaciones y, cuando lo comprueban, así es. Guerrero Ruiz, 1998. p. 104.
242. Guerrero Ruiz, 1998. pp. 114 y 153.

> Yo llevo una semana con una irritación de garganta lamentable. Se me pasa el día tosiendo sin que me valga ningún remedio, exactamente igual que cuando estuve con gripe, y menos mal que con una pildorita de opio se me calma bastante durante la noche[243].

En las visitas que su amigo Juan Guerrero le hace al poeta, deja crónica escrita de su forma de trabajar y su necesidad de silencio y una temperatura estable, cercana a los veinte grados, pues los cambios térmicos también le procuran resfriados[244].

En abril, mantienen una conversación acerca de los médicos que han tratado al poeta a lo largo de su vida:

> Yo me he burlado siempre de los médicos, y tengo una caja donde guardo todas las recetas, cartas, retratos, etc. y cosas muy divertidas. Por ejemplo, una vez que Marañón me recetaba cinco gotas de láudano precisamente, yo insistí en que cuánto era una gota, pues según los distintos cuentagotas la cantidad era mayor o menor, pudiendo ser hasta el doble de unos a otros[245].

En mayo, las acacias en flor le producen un olor tan fuerte que es incapaz de soportarlo. Para el poeta huelen

243. Camprubí, 2020. p. 716.
244. Guerrero Ruiz, 1998. pp. 170 y 173.
245. «[…] Entonces hice una serie de notas sobre lo que era una gota según Marañón, Achúcarro y otros amigos médicos. Todo esto saldrá en su día. Calculo que necesito un año para ordenarlo todo, pues usted no sabe adónde llego yo en esto de las ordenaciones». En Guerrero Ruiz, 1998. p. 230.

a jabón de manera tan penetrante que le molestan mucho. También manifiesta su fobia al ruido y hace construir un tabique para aislar el despacho y el saloncito de los ruidos del piso contiguo[246].

En septiembre el poeta tiene un fuerte dolor de cuello, hombros y brazos y sigue con las «prescripciones del médico», sin más especificaciones. Juan Ramón le dice a Guerrero que en Sevilla tuvo «otra neuritis como ésta[247]» y lo atribuye al «reuma gotoso que padece, y que antes de tener colitis podía combatir bien, pero tuvo que suprimir el tratamiento porque era incompatible con ésta».

El poeta tiene miedo a que la peligrosa neuritis se le presente en el corazón «y entonces ya no tienen remedio». Análisis y radiografías no confirman ningún tipo de enfermedad cardiaca.

En octubre de 1931 se resiente de los riñones y no mejora del todo de su neuritis por lo que el doctor Calandre ha tenido que ir a verle dos o tres veces «habiéndole variado la medicación», sin especificar más.

Acaba el mes sumido en la tristeza y le cuenta a su amigo Guerrero que el pasado invierno «tuvo que acudir a la Casa de Socorro en busca de auxilio, le pusieron una inyección con tal error en la dosis que estuvo intoxicado largo tiempo y corrió un grave riesgo». Ya vimos en otra

---

246. Guerrero Ruiz, 1998. pp. 245 y 347. Juan Ramón es consciente de su fobia literaria. Así se lo hace saber a su amigo Juan Guerrero Ruiz: «Es lo mismo que ocurría a Flaubert y a Proust». En Jiménez, 1981. p. 109. Para saber más acerca del régimen farmacológico del escritor francés Marcel Proust consultar *En busca de Proust*: «https://canamo.net/cultura/literatura/en-busca-de-proust».

247. No le permitía mover la cabeza. En Camprubí, 2020. p. 739.

momento que la inyección fue de morfina. El poeta se queja ante su amigo de la mala asistencia médica que hay en Madrid.

Juan Ramón acaba el año con enfriamiento[248].

El matrimonio, debido a dificultades económicas, se queda sin vacaciones en Madrid, el verano de 1932, algo que les pasa factura a nivel de salud[249]. Con la llegada del otoño, el poeta vuelve a encontrarse con la tristeza y el disgusto.

En agosto de 1933, el poeta se encuentra enfermo a causa de una intoxicación, sin especificar su causa. Guarda cama desde hace unos días y un tiempo después le devendrá una «depresión nerviosa» que achaca al calor[250].

Llega septiembre y el poeta se encuentra «flojo todavía» y está deseando que llegue el doctor Sacristán «que es un buen especialista en enfermedades nerviosas, para que le vea y le recomiende [sic] algo eficaz».

Sigue con su fobia a los ruidos. Esta vez es una niñera que mece una cuna encima de su cuarto quien le despierta a medianoche.

El poeta «lleva tres inyecciones de arsénico, cuyo

---

248. Guerrero Ruiz, 1998. pp. 341, 361, 365, 368, 375 y 378.

249. En marzo de 1934, el poeta escribe a su hermano Eustaquio que en cuanto llegue el mes de junio saldrán de la capital «porque el verano nos ha sentado muy mal a los dos en estos últimos años en que no hemos podido salir por dificultades económicas. En Jiménez, 2012a. p. 569.

250. Guerrero Ruiz, 1999. pp. 65 y 99. Quincey escribe en sus *Confesiones* que el tomador de opio «siente que el deber le conmina; pero su aprehensión intelectual de lo que es posible sobrepasa infinitamente su capacidad, no sólo para hacerlo, sino también para intentarlo. [...] Tiene ante los ojos todo aquello que quisiera de buen grado realizar, como un hombre irremediablemente confinado en su cama por la mortal languidez de alguna enfermedad enervante». En Quincey, 2006. pp. 186-187.

efecto aún no ha sentido». A los pocos días Juan Ramón, que apenas duerme, se encuentra flojo. Calandre le receta que tome un poco de café o vino cuando se encuentre sin ánimo, pero tampoco puede dormir por lo que «ha tomado bromuro y valeriana para ver si logra descansar».

Sigue sin mejorar su reposo por lo que le pide, en esta ocasión al doctor Luque, que le prescriba «algo que le haga descansar».

El doctor cree que la enfermedad del poeta está relacionada con su metabolismo «por falta de alguna sustancia, y que casi garantiza se mejorará con unas inyecciones de estricnina que le ha recetado».

El escritor sigue sin dormir y lleva ya casi tres meses en la misma situación. Se pasa los días postrado, pese a que continúa con las inyecciones de estricnina prescritas, sin mejoría. Juan Ramón sigue cansado y con muchas ganas de que, ahora el doctor Sacristán, le vea cada tres o cuatro meses para «convenir con él un régimen higiénico de vida para prevenir estos estados[251]». El poeta llamaba a distintos médicos a capricho, según su dolencia[252]:

> Confío mucho en Sacristán; en cambio Calandre, para estas cosas nerviosas, me gusta menos.

Sigue sin dormir y las inyecciones de estricnina no surten el efecto deseado, por lo que el doctor Luque «le recetó anteanoche unas nuevas inyecciones y, por no

251. Guerrero Ruiz, 1999. pp. 101, 106-107, 109, 112-113, 115 y 118.
252. Pudiera ser que la elección del galeno estuviera determinada según la predisposición al tratamiento a prescribir.

complicar la cosa, esperará su resultado antes de llamar a Sacristán». El nuevo tratamiento, Nuclearsitol inyectable, sí le permite descansar mejor.

En noviembre de 1933, el poeta no logra ponerse bien. Es ahora el doctor Carrasco quien le dice que tiene un exceso de insulina natural y eso le produce un «estado de decaimiento». Como veremos más adelante, otros médicos, sin embargo, convendrán inyectársela.

El doctor Carrasco cree que para mejorar la salud del poeta hay tratamiento e «insiste en que la mejor medicación es la belladona», pero el poeta sabe que «le sienta mal, como si fuera opio».

Arranca el año de 1934 sin encontrarse bien. A través de las crónicas de las visitas que le realiza Juan Guerrero Ruiz, tenemos bastantes datos acerca de la salud del poeta que continúa con insomnios que le dejan cansado.

Febrero no trae progresos pese a que «ha variado varias veces de tratamiento [sic] sin conseguir una mejoría definitiva[253]». Resfriado y con décimas de fiebre, comienza con la nueva cura del doctor Carrasco que le pone la primera inyección.

El mes de marzo no trae novedades y el poeta sigue

---

253. Guerrero Ruiz, 1999. pp. 119, 121-124, 128, 136, 139, 147 y 149. Los médicos no se ponen de acuerdo y le recetan distintos medicamentos. «Le pregunto qué impresión tiene Carrasco sobre su enfermedad y dice que está convencido de que es un estado prediabético y esto es lo que trata de comprobar ahora, pues los análisis efectuados no confirman su parecer. Mañana, a tres horas distintas, ha de tomarle sangre para apreciar la proporción de azúcar que tiene. El doctor Hernando no opina lo mismo, aunque cree que pueda ser algo de nutrición, y Calandre cree que es algo puramente nervioso [...]. En suma, él no hace más que someterse a todo lo que ellos van diciendo para ver si consigue ponerse mejor».

cansado, con insomnio y resfriado, pese a las inyecciones.

Con abril reaparece la colitis y, en mayo, Juan Ramón vuelve a tomar opio «cansado de tanta medicación sin resultado».

Junio le coge sin dormir y muy cansado por lo que, esta vez el doctor Calandre, le ha prescrito un tratamiento de «unas inyecciones narcóticas» (sin especificar más) que no le hacen efecto. Su médico considera que toda su dolencia es nerviosa, «algo de neurastenia» producida por la preocupación constante sobre su obra poética. El poeta le comenta a su amigo Juan Guerrero: «Ya ve usted, desde el viernes que apenas duermo, y esto me tiene agotado. Ahora, cuando usted ha llegado, estaba viendo esta nueva medicación narcótica que he pedido [sic], a ver si me da resultado, aunque todo lo que lleva belladona, opio, me deja luego adormecido, medio idiotizado y no quiero tomarlo». Además, prosiguen sus fobias al ruido que le impiden el trabajo y el descanso.

En junio, vuelve a sufrir «un cólico terrible» por lo que Calandre vuelve a sedarle. Su amigo Guerrero le va a visitar y le encuentra muy tranquilo, «sirviéndole de sedante alguno de los medicamentos que toma, y hace muy buen enfermo[254]».

En julio de 1934, la crónica que Juan Guerrero hace de su encuentro con el poeta es más que significativa:

> Juan Ramón me habla con desencanto de los médicos notables de Madrid —Marañón, Hernando, etc.—, a

254. Guerrero Ruiz, 1999. pp. 106-107, 163, 165 y 167, 170, 172, 228, 238, 249, 250-251, 255-256 y 257.

quienes conoce perfectamente, y los cuales ya toman casi a broma sus padecimientos, como si fueran fruto de su imaginación. Hernando, que siempre está amabilísimo y atento con él, no ha tenido suerte alguna en los tratamientos[255] que le ha impuesto, y alguna vez Calandre se los ha tenido que suspender por estar para él contraindicados en absoluto.

Continúan las analíticas y rayos X. El doctor Oliver le hace consignar su historia médica de manera pormenorizada para poder valorar su dolencia[256]. Juan Ramón Jiménez tiene cincuenta y tres años y ningún diagnóstico, pero sí multitud de tratamientos.

Cuando llega septiembre, Juan Ramón viene de estar enfermo[257] y de ser tratado con mercurio[258].

En noviembre de 1934, Gutiérrez Arrese le diagnostica «colon permeable» que deja pasar las toxinas, lo cual «hace que sufra un envenenamiento permanente». El propio poeta le confiesa a Guerrero que «las enfermedades de la nutrición producen un reflejo moral enorme, y el envenenamiento que yo he padecido ha sido, la causa congénita de mi melancolía...[259]». Hoy sabemos el estrecho vínculo existente entre las enfermedades mentales y el tracto digestivo.

Otro invierno más el poeta está enfermo[260].

---

255. Nótese el plural.
256. Guerrero Ruiz, 1999. pp. 259-261.
257. Jiménez, 2012a. p. 572 y Camprubí, 2006. p. 33.
258. Camprubí, 2006. p. 20.
259. Guerrero Ruiz, 1999. pp. 264-265.
260. Jiménez, 2012a. p. 579. Dentro de los efectos secundarios de los

En febrero de 1935, Zenobia escribe a Guerrero Ruiz que su marido está «algo griposo» y un poco congestivo[261].

Es en abril cuando Juan Guerrero, en sus crónicas de las visitas a la casa del poeta, escribe que Juan Ramón «ya se encuentra mejor —me dice Zenobia—; de vez en cuando tiene estas cosas de intoxicación [sic], de las que se cura tomando "Agocheline", un preparado que le prescribió Oliver para el hígado[262]».

El mes de julio encuentra al matrimonio indispuesto. Cuando el moguereño recibe a su amigo lo hace en pijama y le dice que no se encuentra bien y que «por indicación de Calandre ha empezado a tomar el tónico Roche y una medicación a base de opio. Hacía tiempo que no tenía estos cólicos, cuya causa ignora[263]». Acaba el mes abatido, fruto de la colitis que le tiene postrado.

En agosto, el poeta le dice a Juan Guerrero que «ha vuelto a sentir los dolores que tanto le hacen padecer» y se pasa el día recostado sin encontrar una postura agra-

---

alcaloides opiáceos están la irritabilidad del carácter, dato a considerar para vislumbrar el alejamiento paulatino de Juan Ramón con la generación lírica a la que apadrinó en sus publicaciones. Dicho distanciamiento se produce mientras el poeta está sometido a sucesivos tratamientos medicamentosos. Para conocer mejor la relación de Juan Ramón Jiménez con sus contemporáneos y con la generación del 27 conviene acudir al libro de José Antonio Expósito, *Ecos de una voz* (2021).

261. Camprubí, 2006. p. 25.

262. Guerrero Ruiz, 1999. p. 292.

263. Los motivos alimentarios con que el poeta se autoexcusa con frecuencia no le sirven, pues «no ha tomado nada nocivo ni bebidas frías». En esta ocasión el poeta atribuye el cólico a que se le alteró la digestión por haber visto a un joven desvanecerse de hambre junto a su casa. Sin embargo, vemos que el remedio sigue siendo el opio. En Guerrero Ruiz, 1999. p. 303.

dable. No reseña tratamiento[264]. A los pocos días, vuelve a interesarse por la salud de Juan Ramón que dice que ha sufrido mucho y achaca su mal estado al tónico Roche que le recetó Calandre «pues lo suspendió, y ayer, al volver a tomarlo, ha vuelto a sentir los mismos efectos nocivos, por lo cual lo ha dejado definitivamente. Ahora toma un preparado de fósforo que es el tónico que a él le ha sentado mejor[265]».

Ante los sucesivos y dispares tratamientos que tomaba el escritor, parece necesario considerar que dicha medicación tuviera influencia en el ánimo del poeta. Juan Ramón le dice a su amigo Guerrero que «estos días siento en mí la influencia desconocida de alguna fuerza o variación de la naturaleza que actúa sobre mi vida vegetativa, produciéndome un estado especial de decaimiento».

En septiembre vuelven las extrasístoles por lo que vuelve a ponerse en manos del doctor Calandre[266].

Al enterarse Juan Ramón de que Ginesa, la esposa de Guerrero, padece colitis, el poeta le explica que en otoño es cuando más se padece esa dolencia «como una botella cuyos posos se agitaran, así parece que hacen dentro de uno, y todos los venenos sedimentados [sic] se reparten por el organismo produciendo una crisis general. Todo se

---

264. Guerrero Ruiz, 1999. pp. 305-306.

265. El poeta lee la bibliografía médica del momento «enterándose de lo último que se ha escrito sobre la «colitis» —que antes llamaban «intestino nervioso»»—, le explica a su amigo «con gran conocimiento de la materia». En Guerrero Ruiz, 1999. p. 308.

266. Quien, como vimos, le había tratado con opio. Guerrero Ruiz, 1999. pp. 310 y 326.

revuelve, y acuden al pensamiento tantas ideas diversas de temores, recelos, preocupaciones, que no le dejan a uno trabajar».

La obsesión por las cuestiones médicas y sus tratamientos ocupan las cavilaciones del poeta. Juan Guerrero anota el 17 de octubre que ese día solo hablaron de lo gran médico que hubiera sido «de haberse consagrado a la medicina, para la que tiene visible vocación. Zenobia, que ha entrado a saludarme mientras él iba a buscarme un específico, me lo ha dicho: "¡Pero si en la familia le llamamos el doctor Jiménez! A mí nadie me cura como él, y mis sobrinas, en cuanto les duele algo, ya están: 'Tío Juan, tengo esto', y siempre sabe recomendar algo que sirve para mejorar"». Cuando el poeta entra toma la palabra y le dice a Guerrero: «No se ría usted, porque todo lo que yo le diga es fruto de una larga experiencia y de una constante observación; he sido tratado por muchos médicos, los mejores, y los he observado mucho, escogiendo de cada uno lo que realmente estaba bien; además, he leído siempre obras de medicina, que compro con frecuencia. Cuando yo he ido a un médico y le he explicado mi enfermedad, como a Oliver el año pasado, me decía: «Sabe usted tanto como nosotros...[267]».

En junio de 1936 el propio escritor reconoce que tiene conjuntivitis y «una intoxicación farmacopeica»,

267. Y el poeta le receta a Ginesa, la mujer de Guerrero, «medio vaso de agua, el jugo de un limón con una cucharadita de azúcar, antes de levantarse. A la media hora ya puede tomar una taza o vaso de leche con una cucharada de Tribalenta», a lo que añade un detallado plan alimenticio, Agocheline, Peptalmine, Recresal y salicilatos de Vivas Pérez con un extenso catálogo de recomendaciones. En Guerrero Ruiz, 1999. pp. 333 y 339-340.

sin especificar más, que le han producido los doctores, lo que le impide leer su conferencia[268].

En julio, ha comenzado la guerra[269]. El matrimonio sale de España, primero dirección Valencia, luego marchó a Figueras y poco después atravesó la frontera por La Junquera el 22 de agosto de 1936. Cuatro días más tarde, tomaron el transatlántico *Aquitania* en Cherburgo con destino a Nueva York. Su equipaje no era más que «dos maletitas, con unas mudas de ropa interior, un traje, unas medicinas [sic], que yo estaba bastante enfermo, y nuestros anillos de boda[270]».

268. Se trata de la disertación «Política poética», en el Instituto del Libro Español que se imprimirá en ese mes de junio de 1936. Su sustituto en la lectura fue Jacinto Valledano. Jiménez, 2012b. p. 229.
269. De este periodo surgirá el libro póstumo *Guerra en España* que ha visto sucesivas ediciones. Jiménez, 2009b.
270. VVAAa, 2006. p. 348.

PERIPLO AMERICANO

Estados Unidos-Puerto Rico-Cuba-Estados Unidos (1936-1951)

En noviembre, el matrimonio parte hacia el exilio. Llegan a Nueva York, donde les recibe la familia de Zenobia. Viajan a Washington para intentar acercamientos diplomáticos a favor de la República. Tras dos semanas en Estados Unidos, embarcan hacia Puerto Rico donde llegan el 29 de septiembre de 1936. Allí permanecen apenas dos meses pues el 24 de noviembre viajan a Cuba, isla donde se instalarán hasta enero de 1939 cuando viajarán a Florida. En Miami va a escribir otro libro importante, *Espacio*, que, junto al inconcluso *Tiempo*, nacieron después de una «embriaguez rapsódica» de influencia opiácea, como veremos. Allí domicilian hasta 1943, fecha en que se trasladan a Washington ante la posibilidad de que el poeta se ocupe de un serial de programas de radio sobre literatura. Al poco, Zenobia es contratada para profesorar en la Universidad de Maryland y un tiempo después también lo hace Juan Ramón. Estos ingresos y una herencia familiar les permite comprar una casa en Riverdale, en 1946, donde van a permanecer hasta 1951, momento en que partirán a Puerto Rico. Antes, en 1948, el matrimonio hace un decisivo viaje a Uruguay y Argentina.

Durante 1937, continúan sus aprensiones de corazón y tiene miedo a viajar a Puerto Rico por temor a sufrir una hemorragia al llegar[271]. Desde La Habana, en carta a Juan Guerrero Ruiz, Zenobia le cuenta que su marido toma Glucosa D porque «es algo que sienta bien a J.R. Sumamente alimenticio y fácil de tomar» y, sin aparente motivo, le espeta que «no sé cómo los médicos canadienses y norteamericanos no han puesto término al asunto de la falta de anestésicos». Algo que deja a las claras el necesario empleo que hacía su marido, pues Zenobia continúa: «Yo escribí a Inés [Muñoz] y creo se ocupará[272]». Las anotaciones del diario de Zenobia hablan de que el poeta no se siente bien, tiene fobia a los ruidos[273] y a los olores, está depresivo, inquieto, quisquilloso o resfriado. A veces todo junto[274]. Las noticias de la guerra de España también le afectan y alterna etapas en que se siente incapacitado para trabajar con periodos de trabajo y tristeza. La recidiva gripe regresa en septiembre y le acompaña hasta octubre de 1937.

La anotación que su abnegada esposa hace en su diario el día 18 de febrero de 1938 dice que Juan Ramón «a menudo se siente con frío por las noches y aún le dura por la mañana».

En marzo, Zenobia escribe a Juan Guerrero Ruiz para decirle que su marido lleva malo «desde hace varios días» y le parece que «su sensibilidad se ha exacerbado todavía

---

271. Camprubí, 2006. pp. 64 y 66.
272. Zenobia ironiza sobre el tema diciendo que «tal vez esperaran algún cargamento en algún barco hundido». En Camprubí, 2006. p. 113.
273. Otras referencias a las fobias a lo ruidos pueden encontrarse en Camprubí 1, 2006. p. 10 y Camprubí, 2022. pp. 609 y 625.
274. Camprubí 1, 2006. pp. 6, 40, 42, 45, 46, 47, 56, 60, 70, 95, 96, 99, 104, 107, 110, 111, 113, 114 y 126.

más[275]». Las cartas que ella envía al «cónsul general de la poesía» (como Lorca motejó a Guerrero) hablan de un poeta que suele resfriarse y estar triste con frecuencia, un cuadro típico abstinencial. El 3 de abril anota que «J.R. pasó el día en un estado de tensión nerviosa», mientras prosiguen las fiebres y las fobias con los olores[276]. Son anotaciones recurrentes en el diario de Zenobia de ese año[277].

El 14 de noviembre de 1939, Zenobia escribe en su diario un apunte relevante:

> Me está pareciendo muy obvio que J.R. y yo tenemos gustos muy distintos en esta vida. Ya ni la naturaleza nos une[278].

En diciembre, regresa la colitis de la que Zenobia le creía curado en Cuba, algo que ella relaciona con el frío que «le sienta muy mal[279]».

En enero de 1939, el matrimonio se traslada a Coral Gables (Florida, Estados Unidos) donde el escritor va a escribir un poemario que muestra su biofilia por la naturaleza[280].

---

275. Camprubí, 2006. pp. 83, 88, 95, 97, 99, 101, 105, 129 y 161. «J.R., regular de salud». Camprubí, 2006. p. 142.

276. Camprubí 1, 2006. pp. 143, 147, 150, 155, 156, 173, 185, 187, 209, 221, 230, 232, 240, 256, 258, 278, 302 y 321.

277. Comentarios sobre enfermedad, enfriamiento, irritabilidad o depresión se encuentran en Camprubí 1, 2006. pp. 143, 147, 153, 156, 161, 173, 178, 185, 187, 209, 221, 230, 231, 232, 240, 256, 258, 278, 302, 317 y 321.

278. El poeta tiene 56 años y ella 51. Cabría recordar que uno de los primeros efectos de los opiáceos y los sedantes es la anulación de la libido.

279. Camprubí, 2006. pp. 160 y 161. Camprubí 1, 2006. p. 299.

280. En ese sentido son sintomáticos los poemas «Este árbol que me

El epistolario de Zenobia muestra una disonancia entre la realidad que intenta transmitirle a su amigo Guerrero Ruiz y la situación del poeta, que prevendrá al lector en lo sucesivo[281]. Prosiguen las anotaciones del diario de Zenobia en el mismo sentido. Juan Ramón no se encuentra bien, tiene frío, fiebre, está depresivo, irritable o tiene colitis[282]. A veces todo al mismo tiempo[283]. La *americanita*[284] escribe a Ginesa, la mujer de Guerrero, que «este clima es una maravilla para bronquitis y colitis».

En julio, Zenobia anota en su diario que el médico cubano Carlos Lamar «le recetó tabletas y se fue[285]», sin especificar de qué compuesto se trata[286].

Ambas dolencias muestran alivio mediante la ingesta de opiáceos, lo que nos lleva a entender mejor el comen-

---

parte» y «Oí hablarme a los árboles». En Jiménez, 1981. pp. 126-127, o el texto póstumo titulado «La mano en el árbol» publicado en el libro *La colina de los chopos*. En Jiménez, 1969. pp. 802-803.

281. Así, en la carta que le remite desde Florida el 14 de febrero de 1939 Zenobia dice que Juan Ramón se ha acoplado a su nueva casa y al tercer día estaba escribiendo. Sin embargo, el poeta les escribe una coda donde muestra su pesar y su «sofocante tristeza diaria», para acabar rematando que les abraza «con desesperación y frío». En Camprubí, 2006. pp. 167-168.

282. Más anotaciones en ese sentido las encontramos en Camprubí 2, 2006. pp. 13, 21, 24, 25, 51, 52, 55, 57, 59, 64, 75, 76, 86, 87, 88, 89, 91, 92, 93, 94, 95, 110, 113, 119, 120, 122, 123, 130, 141, 157, 165 y 166.

283. Camprubí 2, 2006. pp. 13, 25, 57, 64, 70, 86-89, 91, 94, 110, 113, 119, 120, 130, 141, 157, 164 y 165.

284. Sobrenombre por el que Zenobia Camprubí era conocida.

285. Camprubí 2, 2006. p. 86. El propio Juan Ramón lo reconoce en carta a José María Chacón que «[...] hace bastantes días que estoy con fiebres, bajo el tratamiento de su paisano el Dr. Carlos Lamar». Jiménez, 177. p. 33.

286. Cabría considerar que todavía en la Europa de los años 50 era normal que los médicos recetaran con mucha frecuencia codeína, tabletas [sic] de morfina o una inyección. Behr, 1981. p. 7.

tario «hoy volví al rito de la farmacia[287]» que Juan Ramón le hace a Zenobia en ausencia de esta, lo que habla del consumo constante de medicamentos por parte del poeta. Algo que el escritor reitera en cartas posteriores. En una de ellas, anota «0,35 (en la farmacia todos los días)[288]». En el mismo sentido, Zenobia también escribe en sus diarios el gusto que profesaba Juan Ramón por los medicamentos[289].

Durante el viaje de su mujer, el poeta reitera «que no está muy bien, cansado, y no tenía ganas de ir hasta la [calle] 52. Ha vuelto el frío y a él atribuyo mi cansancio», para poco después decirle que «hacía un calor y un olor horrible. Salí sudando y con dolor de cabeza y, al llegar a Riversdale, como por aquí hacía fresco, me enfrié[290]».

Por su parte, Zenobia escribe en agosto a Guerrero

---

287. Carta de 18 de agosto de 1939. Jiménez/Camprubí, 2017. p. 940.
288. Carta de 25 de agosto de 1939. Jiménez/Camprubí, 2017. p. 955.
289. «J.R. mentalmente muy tranquilo por haber ido de compras [...], un vistazo a las corbatas rebajadas, su también inevitable debilidad, aunque apenas se da el gusto; un instante en la farmacia en la que sí se da demasiado gusto [sic]». Camprubí 2, 2006. p. 70. Esta tendencia a automedicarse podría considerarse dentro de lo que una parte de la comunidad médica denomina «farmacofilia»: «La farmacofilia es definida como una actitud favorable hacia el consumo de fármacos», que se relaciona con mayor adherencia al tratamiento. Marrero/Reina, 2017. p. 8. Dicha farmacofilia, en el caso de Juan Ramón Jiménez, guardaría una estrecha relación con el llamado «Trastorno de abuso de medicamentos recetados» tan de actualidad.
290. Carta de 11 de septiembre de 1939. Camprubí/Jiménez, 2017. p. 966. Pudiera intuirse que la naturaleza de su enfermedad no guardase relación con la climatología ya que su indisposición se prolongaba en el tiempo y el espacio como la propia Zenobia confiesa a Guerrero: «No sé cómo resolver este problema pues, cuando no está pasando calor, se enfría y siente la humedad de un modo tremendo». Camprubí, 2006. pp. 185 y 191.

aseverando el delicado estado de salud de su marido[291]. En los distintos epistolarios conservados encontramos cómo el poeta se autodiagnostica: sudoración, cansancio leve y dolor de cabeza.

En septiembre, le encontramos cansado, constipado, con dolor de cabeza y con fobia a los olores[292].

Durante el año de 1940, el diario de Zenobia sigue pareciendo la bitácora de una abstinencia[293]. Las décimas de fiebre no desaparecen y las analíticas a las que se somete no demuestran ninguna enfermedad[294] y lo achacan a la alimentación que, por otra parte, cuidan hasta el extremo[295].

---

291. Camprubí, 2006. p. 182.

292. Camprubí/Jiménez, 2017. p. 966.

293. Zenobia describe estados depresivos, febrículas, resfriados, irritabilidad y malestar en Camprubí 2, 2006. pp. 180, 192, 196, 198, 202, 204, 207, 211, 221, 222 y 230. En anotación del 3 de abril de 1940 del diario de Zenobia, se muestra disgustada porque les han dado una habitación de hotel con cama doble. Ya hemos visto cómo hacía tiempo que «ni la naturaleza» les unía. En vista de la «desesperación» [sic] de Zenobia les dieron una gran habitación con cinco ventanas y «camas gemelas».

294. Las pertinaz febrícula le hizo pensar a Zenobia que el poeta sufriera un paludismo recidivo, pero las analíticas lo descartaron. Camprubí, 2006. p. 235.

295. Zenobia reconoce sus escasos conocimientos culinarios aunque la dieta del poeta solía ser «sencillísima» basada en pan, zanahorias, cebollas y judías (pasadas a modo de puré), jugos de frutas (naranjas, limones, papayas, toronjas…), pescado hervido, jamón cocido y productos lácteos tipo Maybul. Camprubí, 2006. pp. 166, 192, 206, 228, 240, 272, 285, 306, 830, 1.240, 1.264, 1.288 y 1.327. El poeta era goloso y tenía predilección por los dulces. Jiménez, 2009. pp. 25 y 161. Pueden encontrarse otras anotaciones sobre su dieta en Camprubí, 2022. pp. 248, 308, 378, 422, 450-451, 458, 480, [«¿Sabes que J.R. se está haciendo el gran cocinero? Los huevos revueltos con jamón son su gran especialidad»],

Para ver esa relación de síntomas (que viene siendo habitual desde antes de 1900) sirva la muestra del botón que le escribe a Zenobia el 22 de agosto de 1940, fecha en que Juan Ramón se encuentra en Nueva York:

> Queridísima Zenobia: ayer no te escribí. La temperatura bajó tanto que parecía invierno. Me enfrié y apareció la colitis. No salí en todo el día, me dieron de comer en casa. Tomé opio y hoy estoy mejor[296].

En octubre de ese mismo año Zenobia escribe a Juan Guerrero para decirle que su marido se «ha quedado delgadísimo [...]. Esta historia comenzó con una neuritis y terminó con una intoxicación a fuerza de inyecciones y medicinas para calmar el dolor[297]».

En 2022, se publicó el tercer volumen del epistolario de Zenobia que arroja un poco de luz sobre aquel episodio. Después de pasar cerca de un mes en el hospital, la abnegada mujer del poeta le escribe a su amiga Olga Bauer para decirle que «los médicos muchas veces

---

497, 596, 644, 692, 703 y 916. Zenobia contaba con la ayuda de «una negra que es la lavandera y cocinera más magnífica que ustedes hayan visto», que además le hacía la limpieza a fondo del hogar. Camprubí, 2006. pp. 166 y 321. No en vano Zenobia contó desde niña con la asistencia de «Bobita», una esclava liberta que seguía a Isabel Aymar, su madre, y que le regaló su abuelo al nacer. Camprubí 2, 2006. p. 320. y Camprubí, 2020. pp. XXX, 4 y 22. Durante su periplo americano, contaron con negras e indias bolivianas en el servicio doméstico. Camprubí, 2022. pp. 316, 450, 559, 649, 697 698, 703, 719, 738, 744 y 858.

296. El poeta dice que irá a ver a la familia de Lorca si no se encuentra demasiado cansado ya que «las muelas no me dejan dormir», por lo que el analgésico parece garantizado. Jiménez/Camprubí, 2017. pp. 972-973.

297. Camprubí, 2006. p. 285.

complican las cosas y por una neuritis aguda envenenaron a J.R. con tantas inyecciones de calmantes. Así que aquella mañana J[uan] estaba en un estado de completo colapso y no quedó más remedio que salir volando para el hospital, donde podían lavarle el estómago y alimentarle con inyecciones intravenosas únicamente, pues ni el hielo toleraba[298]». La iatrogenia parece evidente.

En carta a su sobrino Eustaquio, la mujer del poeta completa la descripción:

> Parece que J.R. va mejorando lentamente. Los trece días de hospital fueron una catástrofe por todos los estilos. J.R. padeció más por los médicos que por el mal original —una neuritis aguda—, si es que saben lo que diagnosticaron. La cuestión digestiva andaba ya muy mal y el viaje acabó por descomponerla. Luego, para aliviar la neuritis, las medicinas y las inyecciones acabaron por intoxicarlo. Una noche, después de unos calmantes [los tranquilizantes que solía tomar llevaban morfina como veremos], se la pasó entera vomitando y, por la mañana, tuvieron que bajarlo en una camilla en un estado de verdadero colapso. Llegados al hospital, le lavaron el estómago y estuvo tres días alimentado solo por las venas, porque no retenía nada de lo que tomaba por la boca. A los trece días salimos de allí[299].

298. Carta de 7 de noviembre de 1940. Camprubí, 2022. p. 250 y Camprubí, 2006. p. 286. En carta anterior, de 30 de octubre de 1940, Zenobia escribe al matrimonio amigo de Ginesa y Juan Guerrero que cuando se llevaron al poeta le estuvieron alimentando con inyecciones intravenosas cerca de dos días y tuvo que permanecer ingresado dos semanas en el Hospital de la Universidad de Miami. En Camprubí, 2022. p. 249.
299. Camprubí, 2022. p. 258.

Es curioso que cuando Zenobia se refiera a esta manifiesta intoxicación farmacológica de Juan Ramón, lo haga en términos simplemente anímicos y despacha el asunto anotando que su marido «la noche en que se enteró de la sentencia de Rivas[300], y después de vomitar 43 veces, lo tuvieron que llevar en camilla, en la ambulancia; había sufrido un colapso total».

Sin embargo, en 1943, Zenobia tiene una nueva versión para aquel episodio:

> Cuando regresamos de Coral Gables en el otoño de 1940, el ruido molestaba a J.R. Y salimos a buscar casa. El que nos empapáramos en una de esas salidas fue probablemente la causa principal de su enfermedad, que le hizo ir a parar al hospital el 26 de octubre de 1940 por 14 días[301]».

Esto hace sospechar que Zenobia soslaya la realidad médica de su marido. A menudo habla de medicinas, tabletas, drogas, tratamientos, sin especificar la naturaleza de los mismos.

En carta a Amalia Lavedán, la mujer del poeta agradece todo lo que están haciendo por ellos «con tantos encargos de medicinas y demás».

Juan Ramón acaba el año demacrado y bastante enfermo[302], según Zenobia.

Finalmente, conoceremos la naturaleza de su intoxicación de octubre de 1940 por las palabras del propio

300. Juan Ramón creyó equivocadamente que iban a fusilar a Rivas Cherif. Camprubí 2, 2006. p. 222.
301. Camprubí 2, 2006. p. 230.
302. Camprubí, 2022. pp. 261-263.

poeta quien, en el fragmento cuatro de su obra póstuma *Tiempo*, escribe:

> Recuerdo las dos veces en que me hubiera muerto sin darme cuenta, ni sentir el parto ni inquietud ni tristeza, sin sentir la vida ni la muerte; una, aquel mareo en el mar cerrado, cuando estuve no sé cuánto tiempo tirado al pie de una escalera a babor, desaparecido de mí mismo y por lo visto de todos. Otra, un envenenamiento por una inyección de morfina, médico rápido en la madrugada fría. Yo vomitaba y no me importaba nada vomitar, ni cuantas veces, 40, 50, 60. Ya me gustaba vomitar, vomitarme desde dentro, y me deshacía por dentro, pero me daba lo mismo...[303].

Puede que dicha intoxicación fuera consecuencia del doctor que le asiste en La Florida, tal y como apunta el propio Juan Ramón en su obra *Espacio* donde escribe: «Ni el doctor Amory con su inyección en Coral

303. Jiménez, 2012b. p. 256. En la misma obra apunta: «[...] La terrible intoxicación que por poco me lleva al otro día al otro mundo». Jiménez, 2012b. p. 271. En anotaciones del fragmento tres, el poeta escribe sobre sus pesadillas de «estrechez y agobio, de conductos subterráneos y torres de caracol, de sujección y apretura, tan frecuentes en mis noches». Jiménez, 2012b. p. 248. Algo que Juan Ramón achaca a su memoria y que tantas concomitancias tiene con el universo de Piranesi y las descripciones opiómanas de Thomas de Quincey. Miguel Teruel, en la introducción a las *Confesiones* del escritor inglés, comenta que las percepciones que el opio acentúa, comunes en muchas de sus descripciones, son la imagen del laberinto y la percepción del espacio y del tiempo. En Quincey, 2006. p. 60. A raíz de este episodio de intoxicación opiácea, Juan Ramón Jiménez va a comenzar la creación de dos poemarios de idéntico título: *Espacio* y *Tiempo*.

Gables, Alhambra Circle, y luego con colapso al hospital[304]».

Tras este episodio de intoxicación aguda por morfina comenzará la redacción de *Espacio* y *Tiempo*, esta última publicada tras su muerte.

El poeta comienza el año de 1941 en Coral Gables agotado[305], por lo que su abnegada mujer añade vitaminas a su régimen. Le pide a su amigo que le envíe papelillos de bismuto y cerio de Vivas Pérez porque es lo único que le funciona para cortar la colitis de Juan Ramón, «pero no se puede evitar que haya una noche fría y eso basta para descomponerle. Pero con esos polvos se le pasa en el acto». Ella reconoce que su marido «no ha estado bien este invierno».

Pasa una mala primavera, decaído, destemplado y con la tensión baja. El verano no trae novedades a su salud y sigue «deprimido físicamente» y a base de medicinas.

Durante este año, Juan Ramón se encuentra convaleciente y excusa firmar las cartas que escribe su mujer porque tiene «neuritis» en el brazo.

En julio de 1941, se encuentra «cansadísimo» y pasa «cuatro horas en el hospital porque, como nos vamos dentro de una semana, los médicos están en pleno recrudecimiento. Parece que orgánicamente no hay nada inquietante». Juan Ramón firma de su puño y letra dicha carta para decirle a Guerrero que «ya no sé si soy ni de dónde. El tiempo se va y yo paso. ¿En qué terminará todo esto? He perdido toda la ilusión». De nuevo la ambigüedad

304. Jiménez, 2012b. p. 148.
305. Camprubí, 2006. p. 291 y Camprubí 2, 2006. pp. 231 y 235.

de Zenobia tilda con el eufemismo «recrudecimiento» la polimedicación de su marido, donde las vitaminas ya no parecen ser un tratamiento con resultados[306]. El poeta se encuentra desnutrido y decaído[307].

Juan Ramón estuvo ingresado en el hospital de La Florida debido a una de sus crisis depresivas. No sabemos con que química se restituyó el ánimo y la salud, pero nos proporciona un insoslayable vínculo entre la farmacopea con la que era tratado y su creación poética en una carta que le remite a Enrique Díez-Canedo dos años más tarde:

> Pues en 1941, saliendo yo casi nuevo, resucitado casi, del Hospital de la Universidad de Miami… una embriaguez rapsódica [sic], una fuga incontenible empezó a dictarme un poema de espacio, en una sola e interminable estrofa de verso libre mayor[308].

La composición se llamará finalmente así, *Espacio*[309].

Juan Ramón comienza el año de 1942 desmejorado, «completamente aplastado» y con una tristeza continua

306. Camprubí, 2006. pp. 295, 299, 296-297, 302-303, 317-319 y Camprubí, 2022. pp. 320 y 354.
307. Camprubí, 2022. p. 310.
308. Albornoz, 1981. p. 186.
309. «¡Espacio y tiempo y luz en todo yo, en todos y yo y todos! ¡Yo con la inmensidad! Esto es distinto; nunca lo sospeché y ahora lo tengo». Albornoz, 1981. p. 189. Al comienzo del fragmento 1 de *Tiempo*, escribe: «Mis sueños de la noche, lijerezas, profundidades o solamente pesadillas, suelen ser como mi ideal cine interior abstracto: planos, colores, luces, posiciones de tiempo y espacio que, a mi despertar, no me parecían sucesos, hechos, asuntos, pero que lo fueron plenamente en el sueño, tanto o más que las ocurrencias de la vijilia». Jiménez, 2012b. p. 219.

que se manifiesta en cuanto el trabajo poético le da un respiro. El rostro demacrado del poeta asusta a propios y extraños hasta el punto de que Zenobia no envía retratos de su marido porque no quiere dar disgustos[310]. Está delgadísimo[311].

La *americanita* vuelve a pedir a sus amigos españoles (Juan Guerrero Ruiz y su mujer Ginesa), que le envíen polvos digestivos que «durante estos años» le han ido muy bien para controlar las colitis de Juan Ramón y de no ser posible pide que le envíen la fórmula para solicitarlo en farmacia como fórmula magistral al peso[312].

El matrimonio se traslada a Washington donde van a permanecer hasta 1945[313].

El escritor se duele de la suerte de España y su estadía en su nueva ciudad le evoca el paisaje madrileño lo que le afecta «materialmente». En las codas que acompaña a las cartas que remite Zenobia insiste en su inmensa nostalgia y en estar pasando una época terrible para acabar el año con una *gripe* prolongada.

El poeta está físicamente abatido y con una apatía espantosa, algo que hace que su mujer sufra por él una «verdadera angustia». Agradece la «nueva remesa» de polvos Vivas Pérez a base de salicilatos de bismuto y cerio. Al llegar el otoño de 1943, vuelve al resfriado y la congestión[314]. En su diario, prosiguen las anotaciones del estado de Juan Ramón en el mismo sentido.

---

310. Camprubí, 2006. pp. 336, 340 y 341. Camprubí 2, 2006. p. 236.
311. Camprubí, 2022. p. 341.
312. Camprubí, 2006. p. 356.
313. Jiménez, 2001. p. 9.
314. Camprubí, 2006. pp. 357, 359, 365, 370-371 y 384.

Después de pasar un verano estupendo, vuelve a tener dos meses malos[315] y cuando parece volver a restituirse comienza su irritabilidad de nuevo.

Zenobia describe a un Juan Ramón picajoso y falto de salud, ya que «estaba hecho un manojo de nervios [...] tuvo que tomarse un calmante, pues, de lo alterado que estaba, pasó la mayor parte de la noche en vela[316]». En diciembre de 1943 el matrimonio pasa casi quince días de gripe[317] y el poeta despide el año con fiebres altas tumbado en el *chaise longue* esperando al médico.

El año de 1944 comienza para Juan Ramón «sorbiendo jarabes» aunque al llegar la primavera le coge trabajando.

En el mes de julio, cuando Zenobia viaja y deja solo al poeta, es llevado por un médico al hospital «con una intoxicación[318]», de nuevo sin especificar de qué ni por qué. En agosto de este año, la mujer del poeta vuelve a solicitar polvos de bismuto que tan bien le van para frenarle la colitis porque cuando se le agotan vuelven los «arrechuchos[319]».

Por otra parte, ya hemos visto desde comienzos de siglo (en las anotaciones de su *Diario íntimo*) que Juan Ramón utilizaba el láudano de manera habitual. Ni si-

---

315. Camprubí, 2022. p. 411.
316. Camprubí 2, 2006. p. 238.
317. Camprubí, 2022. pp. 417-419 y 421. Zenobia muestra su preocupación cuando ambos están convalecientes y lo considera «cosa harto difícil cuando está uno sin más servicio que el de una negrita, que viene cuatro horas dos veces por semana y que no sabe ni encender el horno».
318. Camprubí, 2022. pp. 385, 387, 424, 439, 443, 446 y 465.
319. Camprubí, 2006. p. 411.

quiera durante el «enamoramiento» con Zenobia dejó de tomarlo. Por eso no sorprende que el poeta sobrepasara la dosis en el momento en que su mujer se ausentara de casa como reconoce en una coda final a una carta que su mujer escribe a Elisa Ramonet:

> Cuando Zenobia se fue en los días que escribió esta carta y me quedé solo, tuvo que llevarme el médico al hospital, con una intoxicación[320].

Al día siguiente recibe la visita de la «señora Pelton o Paton, o lo que sea», que se interesó por la salud del poeta ya que «venía cargada de medicinas[321]», sin especificar nada más.

La dieta blanda y los yogures no ayudan tampoco a que Juan Ramón se sobreponga a las continuas colitis que la abstinencia le procura. Zenobia, en carta a Elisa Ramonet, confiesa que su marido «ha entrado en una de esas etapas de depresión que vuelven loco al más templado», algo que confirma en sus diarios. En ellos anota que el poeta sigue depresivo y «un poco malucho» al llegar el otoño[322].

Otras veces su mujer se muestra contradictoria. El día 1 de noviembre dice a su amiga Olga Bauer que Juan Ramón está «enfrascadísimo en su trabajo», pero el día 4 le comenta a la misma destinataria que «ahora está pasando una mala temporada[323]» de creación.

---

320. Carta de 16 de julio de 1944. Camprubí, 2022. p. 465.
321. Camprubí/Jiménez, 2017. p. 1.006.
322. Camprubí, 2006. p. 425.
323. Camprubí, 2022. pp. 488-489.

Los diarios de Zenobia detallan que el poeta continúa irritable, enfermo y depresivo[324]. Mientras continúan las remesas de bismuto y cerio[325] para calmar la cronificada colitis. La ingesta prolongada de estos salicilatos pudieron haber causado en el poeta episodios de salicilismo cuya toxicidad neurológica produce mareos, vómitos, agitación, delirio y psicosis.

Zenobia se ausenta de Washington, por lo que Juan Ramón le escribe preocupado para decirle que «no encuentro las pastillas sedantes. Debes tenerlas en tu maleta[326]».

En agosto de 1945, Juan Ramón vuelve a contar más por omisión cuando escribe a Zenobia que «hoy iré a ver a [Esteban] Verges. Quiere ponerme las inyecciones del año pasado [pese a que en los epistolarios nada se dice, por lo que podemos intuir hasta qué punto estaba normalizado esto en la vida del poeta] porque cree que estos son trastornos de la edad. Y parece que el corazón está muy relacionado con las glándulas correspondientes. Pero estoy bien. Le daré gusto [sic] algunas semanas solamente[327]».

---

324. Camprubí 2, 2006. pp. 257, 258, 259, 295, 296 y 301. En anotación del diario de Zenobia del 19-20 de mayo de 1945 se da una pista fundamental para entender la naturaleza del «resfriado» pertinaz que acuciaba al poeta. Su mujer dice que su marido está con gripe, pero que «Hoy J.R. se ha negado a dejar de trabajar, ha llegado a asegurarme que un poco de fiebre ayuda a aclarar la mente [sic] y hoy ha resuelto 4 problemas importantes para su trabajo: se dio cuenta de cómo ha de ser «Con la rosa», de qué poemas deberían ir al comienzo y al final de cada parte, etc. Ha sido un fin de semana muy provechoso y me dice a cada rato lo bien que va todo. Me dice cuánto disfruta y cuánto le ayudo y: "Habla un poco conmigo que después de muertos ya no podremos hablar"».

325. Camprubí, 2006. p. 465.

326. Carta de 31 de marzo de 1945. En Jiménez/Camprubí, 2017. p. 1.016.

327. Carta de 1 de agosto de 1945. En Jiménez/Camprubí, 2017. p. 1.026.

Dos días después, la ausencia de Zenobia comienza a angustiarle y le dice que «después de hablar contigo anoche, busqué las recetas. Hasta ahora no he dado con ellas[328]».

Se repite la tónica de más medicación, como algo rutinario. Dos días más tarde, le dice a Zenobia que se encuentra mucho mejor «gracias a una dieta más rigurosa y a la neurosina[329]».

El matrimonio vuelve a trasladarse, esta vez a Riverdale (Maryland), donde van a comprar una casa y permanecerán hasta 1951[330].

El poeta arranca el año de 1946 deprimido, resfriado, con fiebre pertinaz y demacrado.

En febrero, el matrimonio ha pasado la gripe y el poeta arrastra otra etapa depresiva[331].

En mayo, Zenobia escribe que el poeta «está en la piel y los huesos [...], los médicos le encontraron falto de peso en quince libras y juraron que, antes de terminado el verano, habrían conseguido aumentarlas con creces pero al final del verano no había ganado una libra, a pesar de todas las promesas, píldoras de aceite de hígado de bacalao, inyecciones y todo lo demás [sic][332]».

328. Carta de 3 de agosto de 1945. En Jiménez/Camprubí, 2017. p. 1.031.
329. Jiménez/Camprubí, 2017. p. 1.034.
330. Mercedes Juliá da la fecha de noviembre de 1951 (Jiménez, 2001. p. 9), pero el matrimonio atraca en Puerto Rico el 19 de marzo de ese año, según la catedrática María Jesús Domínguez Sío; en Jiménez/Camprubí, 2017. p. 1.047.
331. Camprubí, 2022. pp. 576-577.
332. Camprubí, 2006. p. 519.

La dieta y los gustos del poeta por los yogures[333] y el *Maybul*[334], tampoco ayudaban a mejorar sus colitis.

En julio de 1946, el poeta se encuentra en un estado lamentable, por lo que los médicos aconsejan a Zenobia que aplace sus viajes pendientes y no le deje solo. La cronificada colitis le afecta el ánimo y vuelve a los papelitos de Vivas Pérez de bismuto y cerio.

El doctor Vergés, cuya especialidad era la oftalmología, le dice a Zenobia que Juan Ramón ha sufrido una intoxicación medicamentosa (sin especificar de qué tipo) por una equivocación farmacéutica.

En carta a Olga Bauer, la mujer del escritor dice que su marido ha estado a dieta y «medicinándose».

En el mismo mes de septiembre de 1946, en carta a Guerrero Ruiz, la abnegada esposa del poeta declara que su marido recibe inyecciones de calcio Sandoz «que tan buen resultado le han dado siempre», pese a que es la primera vez que deja constancia de este tratamiento lo que invita a pensar que otras medicaciones, aunque habituales, no se hayan mencionado en sus cartas o diarios.

En octubre de 1946, bajo el auspicio del sanatorio de Takoma Park de Washington le realizan una analítica completa donde los resultados «no pueden ser mejores» y «solo tiene una reacción un poco lenta, como si el cansancio o la depresión no hubieran cedido todavía». Juan

333. «[…] Descontando la leche, que se toma bien, y el yoghourt, sin el cual no sé lo que haríamos». Camprubí, 2006. p. 519.

334. El poeta venía tomando Maybul, por lo menos, desde 1932: «Por la tarde, a las seis y media, hora en que Juan Ramón suele tomar su «Maybul»». Guerrero Ruiz, 1999. p. 30.

Ramón vuelve a estar en casa médica y eso le tranquiliza. Los trastornos nerviosos y la colitis le llevaban al insomnio e ingiere medicinas sin supervisión.

En noviembre, el poeta vuelve a padecer colitis. Su mujer la califica de *nerviosa*, «y los nervios, con y sin colitis, vuelven loco al que los padece y al prójimo», y se somete a análisis y radiografías para atacar la enfermedad «que se ha puesto fastidiosa».

En diciembre de 1946, Zenobia escribe a sus amigos Juan y Ginesa, todavía desde el hospital, porque un médico intoxicó a Juan Ramón con un medicamento (sin especificar) y el poeta acaba el año con gripe.

El moguereño arranca el año nuevo con «la cabeza floja». Su mujer insiste en que la colitis le ha dejado muy débil y aún sigue hospitalizado[335].

Juan Ramón inicia el mes de febrero de 1947 en casa. Después de altas y bajas (según se agudizaba o remitía la colitis) comienza a hacer proyectos de futuro. Se recupera de sus diarreas con lentitud, a base de una dieta de aceite de oliva y jamón.

Por primera vez, Zenobia entiende que la enfermedad de su marido se debe a los medicamentos y afirma que su recuperación se produce, sobre todo, por que ha ido suprimiendo las medicinas «que le sentaban como un tiro». Sin embargo, sigue pidiendo al matrimonio Guerrero que les remita cajitas de Vivas Pérez «con regularidad», que Juan Ramón cree que son «su verdadera salvación».

---

335. Camprubí, 2006. pp. 531, 543, 545-547, 550, 556-557, 563, 569-570, 575 y 578.

Marzo le coge recién recuperado de una sinusitis, sufriendo su crónica colitis y recibiendo «inyecciones de vitaminas, etc [sic]».

Comienza abril reclamando el envío de los salicilatos de bromuro y cerio a sus amigos. Por su parte, debido a la carencia de medicamentos que la posguerra había llevado a España, Zenobia les remite bajo petición previa seiscientas mil unidades de penicilina que su médico Vergés le facilita y que es la misma que le inyectaron a Juan Ramón cuando «la gripe le atacó los bronquios».

En mayo de 1947, el poeta continúa con colitis[336] y al poco vuelve al sanatorio «porque está mejor atendido que aquí, en casa[337]».

El matrimonio se desplaza a Canadá donde Zenobia enferma de la garganta y padece fiebre, pero que, gracias a un Juan Ramón que viaja pertrechado de medicamentos, logra restablecerla:

> Amanecí con fiebre en el [hotel] Mount Royal pero J.R., previsor, me había puesto remedios para todo [sic] en la maleta. Medio día de cama y una dosis de aspirina lo compusieron todo[338].

También se aventurará a curar con vitaminas el «dolor del ojo derecho» de su mujer. Ella moteja a su marido como «doctor Jiménez».

---

336. Camprubí, 2006. pp. 581-582, 583-584, 586, 587-588, 656 y 661.
337. Camprubí, 2006. p. 593. No olvidemos que la abnegada Zenobia rondaba los sesenta años y había sido tratada de cáncer de útero en 1931 (enfermedad que le llevará a la muerte en 1956).
338. Camprubí, 2006. p. 595.

Ya hemos visto cómo su continua «enfermedad» le convirtió en un consejero farmacéutico para familiares y amigos, hasta el punto de viajar con un vademecum bajo el brazo, «gran compañero de J.R.», según palabras de Zenobia.

En agosto, el vate sufre un pequeño moratón debajo de un ojo.

Juan Ramón se ha pasado un año entero «muy decaído» y el otoño le coge cansado, abatido y sin ganas de ninguna actividad. Incluso le cuesta subir las escaleras para irse a acostar[339].

Su mujer nos proporciona, en carta a Olga Bauer de noviembre de 1947, una pista fundamental para entender los problemas digestivos del poeta:

> J.R. no está bien de la colitis. Todos los días de clase la tiene, porque, como es una cosa nerviosa, sólo el pensar que le va a dar mientras está en clase le da antes de ir a clase y entonces toma unas gotas de láudano en un terrón de azúcar y nunca tiene complicación luego. Pero este sistema es malo[340].

Quizá Zenobia ya entiende que a la astrigencia opiácea le sucediera una nueva colitis que le incitase volver al opiáceo de manera recurrente.

Llega el año de 1948 y el matrimonio arranca con su resfriado «de costumbre». El poeta entra en el mes de marzo mejorado aunque con la sempiterna colitis «porque es

339. Camprubí, 2006. pp. 604, 609, 641, 689, 778 y 783.

340. Cabe resaltar que Zenobia escribe que su marido consume láudano «todos los días de clase». Camprubí, 2022. p. 695.

congénito y la ha padecido a rachas desde que estaba en el P[uerto] de S[anta] María», escribe Zenobia a sus amigos.

En abril escribe al matrimonio Guerrero y habla de que se le ha olvidado recoger una «medicina importante para la colitis de J.R.», que bien pudiera tratarse del láudano ya que de referirse a los papelitos de Vivas Pérez habría sido lógico citarlos por su nombre, puesto que ellos fueron los proveedores de muchas remesas del medicamento, lo que dejaría patente la prudencia informativa de Zenobia en este sentido.

Continúa la colitis y el cansancio del poeta que tiene rachas de sequía creativa seguidas de otras de trabajo.

En septiembre de 1948, el matrimonio llega a Buenos Aires en loor de multitudes. Juan Ramón ha sido invitado por una publicación argentina para que visite el país y dicte un ciclo de conferencias. El escritor iba resfriado, pero se restituye de la gripe[341].

En octubre, vuelven los «brotes de colitis» y a mediados de mes el moguereño vuelve a caer enfermo. Esta vez Zenobia escribe que se intoxicó por «alimentos en malas condiciones» e ingresa en el sanatorio de Otamendi de Buenos Aires, sin especificar a qué tratamiento fue sometido[342].

El poeta arranca el año nuevo con otro resfriado más que su mujer dice «arrastra hace más de diez días[343]», lo que pudiera orientarnos hacia otras hipóstesis[344].

---

341. Camprubí, 2006. p. 702.

342. Camprubí, 2006. p. 711. Es probable que fuera tratado con láudano Sydenham, ya que Zenobia reconoce en carta posterior que lo «trajimos de la Argentina». Ver Camprubí, 2006. pp. 726 y 733.

343. Camprubí, 2006. p. 720.

344. «El invierno no ha sido hasta ahora nada frío, pero en cambio ha

Estuvo trabajando bien hasta febrero, «pero en ese mes se le recrudeció la colitis[345]». El moguereño está aletargado y a veces no sale de la cama.

Zenobia le escribe a Juan Guerrero pidiéndole una vez más los tan necesarios papelillos de Vivas Pérez para cortar la colitis del poeta que tiene «rachas malas y el láudano Sydenham no se puede tomar tan seguido sin malos efectos».

Tan habitual como los papelillos parece ser la utilización del láudano que va con ellos de continuo como evidencia la alegría de Zenobia al escribir que «lo estupendo es que hoy también ha llegado la cajita de Vivas Pérez en el mismo momento en que se estaba acabando el láudano Sydenham que trajimos de la Argentina». En la misma carta habla de que el poeta tiene dos abcesos que el dentista le ha extraído por lo que Juan Ramón tuvo fiebre y escalofríos «y creo debe haber sido debido a este veneno» omitiendo, de nuevo, el nombre del mismo[346].

En el mes de mayo el poeta sigue postrado en su butaca donde «a ratos dormita» con su pertinaz colitis[347].

En diciembre de 1949 Juan Ramón escribe a Elena Muñoz Larreta, esposa de Eduardo Mallea, y le recomienda que tome Fitina Ciba para sus problemas de salud, ya que «a mí me levanta en el acto, me da apetito, fuerza y sueño. También el calcio «calcium Sandoz» en

---

llovido muchísimo, así que anteayer (al salir para cumplir un compromiso) volvió a resfriarse». Camprubí, 2006. p. 720. El resfriado común no suele sobrepasar los siete días. .

345. Camprubí, 2022. p. 844.

346. Camprubí, 2006. pp. 723, 726, 728, 730, 733 y 735.

347. Camprubí, 2006. p. 742.

inyecciones es de un resultado extraordinario[348]».

El poeta inicia el año de 1950 con «aridez depresiva[349]». Zenobia arranca las anotaciones de su diario del mes de febrero diciendo que «este tiempo de lluvia y falta de luz, combinado con algunas interrupciones de visitas, tienen a J.R. despistado en su trabajo y más que regularmente deprimido».

A menudo, la abnegada Zenobia parece buscar disculpas para no encontrar explicaciones.

Marzo no trae mejoría para la «mala racha» de Juan Ramón que sufre «ataque de colitis» antes de impartir docencia en la Universidad[350]. Finalmente su mujer le convence que deje las clases a las que ella achaca el agravamiento de su dolencia.

En carta a Norah Borges y Guillermo de la Torre, Zenobia vuelve a dejar patente la trinidad del poeta: *colitis, opio y depresión*, cuando anota que «escribo por J.R. que está pasando una racha verdaderamente mala de colitis, láudano y decaimiento». Por lo que no duda en escribirle a María Luisa Capará, que su marido «ha pasado un invierno de perros[351]».

En agosto, el escritor se muestra cansado y quiere estar cerca del hospital[352]. La *americanita* escribe a Olga Bauer para confesarle que «no sé si te debo carta o no,

348. Jiménez, 1977. p. 342.
349. Camprubí, 2022. p. 921.
350. Camprubí, 2006. p. 816. Ya hemos visto que para prevenir estos ataques *predocentes* tomaba láudano.
351. Camprubí, 2022. pp. 956 y 965. En carta a Jiménez Freud incide en que su marido ha pasado un pésimo invierno de colitis «y ahora, que está algo mejor de ésta, le queda la natural depresión, resultado de lo anterior».
352. De Takoma Park en Washington. En Camprubí, 2006. pp. 842 y 845.

porque he estado pasando muy malos días con J.R., doce y medio de ellos en el sanatorio en que estuvimos de 1946 a 1947. Regresamos el domingo pasado (hoy es viernes) y estos días han sido fatales, ha estado casi continuamente con una opresión horrible en la cabeza y además (probablemente resultado de toda las medicinas y contramedicinas) con una cantidad de extrasístoles, taquicardias y todo el diccionario de estas cosas. En estas temporadas lo peor es su agitación y su angustia y que tenemos que echar mano de tres o cuatro médicos que le descomponen el estómago». A sus amigos Juan y Ginesa les cuenta que Juan Ramón tiene el estómago tocado «a fuerza de ingerir drogas de toda clase[353]».

Pero la explicación del porqué del estado del poeta la va a dar la propia Zenobia en una carta a Furman Bridgers, en septiembre de ese año de 1950. Ante el enésimo ingreso hospitalario, su mujer escribe que «J.R. está empeñado en agotar todas las medicinas del hospital y yo no sé cómo vamos a romper este círculo vicioso[354]».

El poeta se encuentra al llegar al octavo mes «en plena depresión[355]». A Olga Bauer, Zenobia le cuenta el enésimo ingreso hospitalario de su marido que le ha dejado una horrible opresión en la cabeza, «resultado de todas las medicinas y contramedicinas» que le han procurado distintos facultativos. El poeta se encuentra agitado y angustiado, con taquicardias, extrasístoles «y todo el diccionario

353. «Y lo van a alimentar veinticuatro horas con glucosa intravenosa para dejar descansar el estómago». Camprubí, 2006. p. 846.
354. Camprubí, 2022. p. 997.
355. Camprubí, 2022. pp. 987, 991 y 1.000. «Juan Ramón está en un momento muy malo de neurastenia». Camprubí, 2022. p. 993.

de estas cosas» por lo que «tenemos que echar mano de tres o cuatro médicos que le descomponen el estómago». Además, no quiere quedarse solo por lo que «hasta el ir a la botica» se convierte en un problema para ella. En carta a Donald Fogelquist, su esposa reconoce el trasiego ambulatorio, donde «el pobre J.R. desde principios de agosto ha estado entrando y saliendo de sanitariums y hospitales tres veces y ahora está en el Johns Hopkins, en Baltimore[356]».

El mes de septiembre lo pasa cansado, medio dormido y aletargado. Zenobia les confía a sus amigos que está trastornada con la enfermedad de su marido y desesperada por los gastos que genera en «médicos, drogas [sic], electrocardiogramas, rayos X, análisis, etc». Su abnegada esposa no consigue hacer vida de él, al que tiene que tratar con dureza para que se mueva y tome las medicinas[357]. En carta a Elisa Ramonet, le cuenta que su marido tiene «sobre todo un nerviosismo que nos trae locos a un montón de médicos y a mí[358]». Se encuentra muy irritable y «tan fatal» que vomita. Su mujer cree que la emesis es de origen nervioso[359].

Octubre tampoco trae buenas noticias. Sufre un «recrudecimiento agudo de neurastenia» que Zenobia

356. Camprubí, 2022. pp. 987, 991 y 1.000. «Juan Ramón está en un momento muy malo de neurastenia». Camprubí, 2022. p. 993.
357. Camprubí, 2006. pp. 850-851 y 854.
358. Camprubí, 2022. p. 1.001.
359. Cuesta creer que su mujer, acostumbrada al trasiego de galenos que medican y contramedican a su esposo, no mirase con franqueza su enfermedad. A menudo justifica razones peregrinas para soslayar la intoxicación farmacológica a la que se sometía de continuo. Camprubí, 2022. p. 1.003.

despacha como fruto de querer cumplir sus compromisos editoriales, pero el mismo día en carta a Francisco Ayala, le cuenta que su marido «ha caído en una terrible depresión nerviosa sin saber cómo ni por qué» que le tiene completamente agotado[360].

En noviembre de 1950 llegan nuevas remesas de salicilatos de bismuto y cerio, pero sigue «deprimidísimo» y sin levantarse de la cama desde hace meses.

En diciembre, después de un nuevo chequeo, los médicos dejan claro que «el 99 por ciento de sus males es nervioso[361]». Zenobia escribe a Elisa Ramonet que «mañana pienso volverme a traer a J.R. del sanatorio, aunque sé que al momento convierte esto en un infierno pidiendo un médico a gritos, pero estoy bastante resuelta a desandar el camino que, por falta de un médico psiquiatra, anduve cinco meses tratando de satisfacerle. Yo no sabía lo que convenía y le daba la luna si me la pedía para calmarlo, con lo que lo calmaba de momento y lo estropeaba cada vez más[362]». Zenobia vuelve a soslayar qué era lo que Juan Ramón le pedía para «estropearle» después. Juan Ramón cierra el año en «un estado de intranquilidad y desesperación tan horrible que no hay paz para nadie», ya que pasa las noches sin dormir «en un estado negativo terrible». De nuevo su mujer omite con eufemismos la realidad. Para ella «es un verdadero tormento oírle quejarse todo el día de cosas imaginarias», cuando clama por la presencia de un médico a su lado.

---

360. Camprubí, 2022. pp. 1.012 y 1.014.
361. Camprubí, 2006. pp. 864, 866, 868 y 871.
362. Camprubí, 2022. p. 1.024.

Juan Ramón arranca el año nuevo pidiendo que le lleven a un hospital porque «no tiene más idea en la cabeza que se va a morir» y quiere «estar protegido por un médico constantemente». Zenobia escribe a su amiga Olga Bauer que su marido sigue muy irascible y que «no le puedo hacer tomar las píldoras de amital».

A finales de enero de 1951 el poeta ingresa de nuevo:

> J.R., que sigue pensando que se muere a todas horas y no para de pedir médicos, enfermeros, enfermeras, de modo que no se le puede retener en casa. Lo peor del caso es que, en cuanto consigue meterse en un hospital, no hay quien lo saque de la cama. [...] Ahora me está volviendo loca con sus síntomas de lo más disparatados. Hoy es que «mi corazón se está fundiendo». Ayer quería que le lavaran el estómago y así sucesivamente, con una imaginación que inventa síntomas nuevos a cada momento. Por el momento la idea es llevarlo al George Washington Hospital unas semanas para ponerlo en observación y ver si conviene darle shock treatment ligero. [...] Esta noche tengo que volver a hacerle tomar el sedante a las diez, porque, como esta gente son unos bárbaros y él, a veces, tarda cuarenta minutos en dejarse convencer de ponerse la cápsula, le dan inyecciones que le quitan el apetito al día siguiente[363].

De este periodo debe ser la anotación manuscrita encontrada entre sus papeles en la Sala Zenobia/Juan Ramón Jiménez de la Universidad de Puerto Rico, donde el poeta

363. Camprubí, 2006. pp. 873, 875-876 y 1.026 Campubrí, 2022. pp. 1.035 y 1.037-1.038.

le advertía a Zenobia «por si muero: tres enfermeras me han lastimado y me han puesto dos inyecciones seguidas, fuertes, seguidas. Vijilan para pedir reactivos si duermo. (...) El doctor Heare es el responsable de todo por su indiferencia después de la terrible inyección cuyos efectos muero[364]». Sin saber, de nuevo, qué tipo de compuesto le fue administrado.

Cuando el poeta ingresa en Washington, lo primero que hacen es eliminar la medicación. Zenobia escribe «lo he traído a esa sección de George W. University Hospital, a lo que J.R. ha llamado despectivamente "un manicomio", aunque aquí no hay más que casos leves. Pues bien, en el acto le han suprimido todas las drogas sedantes, que J.R. decía con razón que le estaban intoxicando, y han desaparecido la mitad de los fenómenos»[365].

En febrero el poeta no puede atender ningún compromiso ni escribir nada porque se encuentra «completamente fuera de este mundo[366]».

364. Jiménez, 2014. pp. 646 y 786.
365. Camprubí, 2006. p. 884.
366. Camprubí, 2022. p. 1.041.

PREMIO NOBEL Y OCASO

Puerto Rico (1951-1958)

El matrimonio decide dejar su casa de Riverdale alentado por los médicos que pensaban en un clima más benigno para Juan Ramón a la vez que pudiera procurarle un lugar donde se hablase castellano, algo que pensaban clave para su recuperación y se instalan en la casa del doctor García Madrid (sita en el pabellón del hospital psiquiátrico) hasta que éste se case en 1953. En ese año, el escritor comienza a dar clases en calidad de «poeta visitante» en la Universidad de Puerto Rico. En 1954, ve la luz el poemario *Espacio*[367] que había comenzado a redactar en 1941. En marzo de 1956, Zenobia Camprubí recae en su enfermedad, de la que venía doliéndose desde 1952, y que le llevará a la muerte el 28 de octubre, apenas tres días después de que le hubiera sido concedido el premio Nobel de Literatura a su marido. Juan Ramón Jiménez morirá apenas dos años después.

---

367. Para Javier Blasco los poemas de *En el otro costado* «son de la misma época que el texto de *Espacio*, pero no constituyen el marco natural para el que este poema nace como texto final en prosa. *Espacio* es un texto cuya lectura está reclamando otro marco interpretativo [sic]. Al tiempo que Juan Ramón escribía los versos de las obras que componen su *Lírica de una Atlántida*, se hallaba embarcado también en la redacción de toda una serie de libros, recogidos por primera vez en la edición de su *Obra poética*. Libros como *Vida y muerte de mamá Pura*, *Crímenes naturales*, *Vida*, *Viajes y sueños*, etc., en los que el elemento autobiográfico funciona como hilo conductor de una memoria que lucha contra el tiempo». Por lo que la relectura de dichos títulos cabría realizarse bajo el prisma del presente estudio. Blasco, 2009. pp. 499-500.

El 19 de marzo de 1951 el matrimonio se instala en Puerto Rico de manera definitiva[368]. El escritor Francisco Ayala dejó crónica escrita en sus memorias de la llegada del poeta a la isla bajo el título de *Juan Ramón Jiménez: la llegada del moribundo*. Ayala testimonia que «los más distinguidos médicos habían acudido a esperarlo en el puerto». Cuando el poeta «vio ante sí los doctores amigos lo primero que hizo fue preguntarles si traían una camilla para transportarlo[369]». Francisco Ayala rememora la obsesión del poeta por su salud anunciándole que se va a morir «esa misma noche, hacia las once [sic][370]» y como lo único que le serenaba era «la continua presencia a su lado de varios médicos muy amistosamente abnegados» que, según Ayala, «lo sacaron en seguida del pozo de melancolía en que al llegar se hallaba sumido».

Según Zenobia, sin embargo, el verano arranca con el poeta cansado, aprensivo y sin fuerzas.

En las anotaciones de su diario del mes de octubre de 1951, nos muestra al poeta picajoso y protestón.

---

368. «Se alojan primero en la casa de huéspedes de la asturiana Lola Tuya, en Santurce, pero poco después se mudan a la casa del doctor José García Madrid, situada en el ámbito del Hospital Insular de Psiquiatría en Río Piedras, a pocos kilómetros del centro de San Juan. Allí permanecen hasta el casamiento de García Madrid con Teresa Blanco en el verano de 1953. Entonces alquilan una casa en Hato Rey, donde vivirán hasta su muerte». Jiménez/Camprubí, 2017. p. 1.047.

369. «¿Qué camilla? No hace falta, Juan Ramón», le contestaron. «O siquiera un sillón de ruedas». «Nada, nada; levántese y ande». «Pero… si es que no puedo». «Vamos, Juan Ramón». Y lo tomaron cada uno de un brazo. Así desembarcó, con Zenobia, su santa esposa, afanándose a la zaga». Ayala, 2006. pp. 419-420.

370. «Varias veces insistió en anunciarme la hora de su próximo deceso». Ayala, 2006. p. 421.

Ayala cuenta en *Recuerdos y olvidos* episodios de sensibilidad hiperestésica a los olores, hasta el punto de que «a Serrano Poncela, profesor de la Universidad y escritor notable, empezó a tomarle inquina hasta llegar a detestarlo y no permitir que se le acercara porque el hombre usaba perfumes fuertes, intolerables para su pituitaria».

> Y por supuesto, tampoco admitía que nadie fumase en su presencia. Salvo, claro está, si el fumador era un médico: a los médicos les toleraba todo. No se me olvidará la vez en que uno de éstos, vasco y nada versado en poesía ni afecto a ella, pero médico al fin, estaba haciéndole compañía y dándole conversación con un enorme cigarro habano entre los labios, cuyas vedijas de humo iban a enzarzarse en las barbas del paciente poeta, mientras Juan Ramón, el pobre, ponía ojos de mártir, retiraba la cara con signos de ahogo, interponía la mano, pero no se resolvía, pese a lo insufrible de la tortura, a protestar de modo expreso. Cuando el bárbaro verdugo hubo terminado su cigarro un suspiro profundo de gracias a Dios. Pero ¡ay! que el visitante —no sin intención— extrajo de su bolsillo la petaca y, calmoso, encendió otro cigarro para continuar sin pausa el deliberado tormento. Quizá pensaba que estaba justificado en razones terapéuticas[371].

Su mujer viaja a Nueva York por cuestiones médicas y en el trayecto le escribe desde el avión para decirle que «sabes, queridísimo, que estábamos viviendo unos días de exaltación nerviosa que nos estaba haciendo mucho

---

371. Ayala, 2006. pp. 423-424.

daño a los dos. Yo ya me he tranquilizado del todo y estoy completamente segura de que todo va a salir bien. Me voy a cuidar para no tener recaídas, pero para que yo descanse el tiempo preciso necesito saber que tú estás haciendo tu parte, que no te estás exaltando por pesadillas absurdas fuera de la realidad serena».

Apenas tres días después, el propio Juan Ramón nos aporta las claves para saber a qué pueden ser debidas esas pesadillas cuando en carta a su mujer ausente le dice:

> No hagas nada que no te haya ordenado tu médico. No tomes medicamentos que nadie te dé, como la pastilla para el mareo, a no ser ordenada por el médico. Esa pastilla tiene morfina. A mí me durmió a los cinco minutos y dormí todo el día. ¡Hazme caso![372]

Juan Ramón escribe en los primeros días de enero de 1952 algunas cartas donde evoca «sus entrecortados sueños» y se refiere a sus médicos para concretar que «por las noches, después de cenar, es cuando siento que tengo alguna fuerza» para acabar preguntándose «¿qué veneno andará por mis venas?», «¿qué es lo que yo tengo, Señor?».

Juan Ramón echa de menos las fuerzas de su viaje a Argentina «y ahora, carne miserable, después de treinta líneas tengo que dejar el lápiz, ¡con todo lo que quisiera decirte!».

La ausencia de Zenobia y la febrícula medicamentosa le llevan a un estado de ensoñación:

---

372. Jiménez/Camprubí, 2017. pp. 1.050 y 1.059.

> ¡Qué extraño es todo esto! ¡No parece verdad! ¡Nunca pude pensar nada tan triste! Mi oración es ésta de hoy: «¡Dios, conciencia del universo, dame fuerza material para que desde hoy hasta el fin de mi vida pueda dedicarme del todo a mi Zenobia de mi vida![373]».

Juan Ramón comienza a perfilar una espiritualidad particular cuando «su enfermedad» se recrudece[374].

Las cartas de enero de este año rezuman angustia existencial por parte del poeta y se pregunta: «¿Qué es lo que a mí me pasa?», con reiteración. Y comienza a desarrollar una sensibilidad de corte místico-universal.

El moguereño apenas puede sostener el lápiz «porque se me cansan los dedos» y excusa su debilidad porque «la fatiga nerviosa es difícil de comprender a quien no la tiene permanentemente». Estado que dispara las emociones del poeta hasta el punto de escribir «¡qué terrible es tener tanta vida interior y tanta sensitividad!», lo que le lleva incluso a llorar en público sin razón aparente. Sin embargo, Francisco Ayala hace mofa en sus memorias de esa sensibilidad (bajo el epígrafe sin desperdicio de *J.R.J y los médicos*) cuando describe un «cuadro de terror» al que el poeta se sobrepone «para sentirse aliviado del terror que sin duda le causaba la ausencia de Hipócrates y Galeno[375]».

---

373. Carta de 7 de enero de 1952. Jiménez/Camprubí, 2017. p. 1.088.
374. Vínculo entre misticismo y drogas ya apuntados en García Castro, 2017. p. 77.
375. Ayala describe su visita a la casa del matrimonio en el edificio del psiquiátrico insular a cargo del doctor García Madrid: «Allí se instalaron durante una temporada el poeta y su esposa; y allí los visité yo un día, en cuya ocasión hube de darme cuenta, y admirarme, de los sacrificios a que él era capaz de someterse con tal de tener siempre un médico a mano; pues

Juan Ramón lo tiene claro cuando escribe «quisiera dormir, dormir todo el tiempo» y se siente abatido por la angustia[376]. El poeta se encuentra en un «mundo fantasmagórico» que no cree poder soportar por mucho tiempo[377].

Los chequeos demuestran que el poeta está sano, pero él no quiere aceptarlo cuando escribe «mi trajedia es que se diga que yo estoy bien y que no quiero hacer esto o lo otro». Sin embargo, en la misma carta vuelve a darnos la clave al escribir que «mi cabeza estaba débil de mala comida, sedantes, mal sueño y yo no tenía la cabeza firme. Ahora, en eso, es en lo que estoy mejor. Pero el corazón sigue mal, es decir no lo domino porque obra por su cuenta» mientras recuerda a Zenobia sus ingresos hospitalarios.

Cabe resaltar que las arritmias y taquicardias son usuales en aquellos pacientes sometidos a tratamientos con sedantes de diversa índole. El poeta demuestra en

---

durante mi visita pude ver a los locos menos desatados andar sueltos de un lado para otro mientras que, tras los barrotes de una reja, desnudo y retorciéndose en su acceso de furor, otro pobre demente profería continuos y espantosos alaridos que a mí, no hecho a ese ambiente, apenas me permitían seguir la conversación. Sin percibir los efectos desastrosos que en mi ánimo producía la escena, Juan Ramón, imperturbable, proseguía la charla en que estaba embarcado, hablando de la estética modernista con alusiones a algunos de los grandes vates hispanoamericanos; y yo me asombraba, entreoyéndole, de que un hombre de tan delicada sensibilidad como era la suya lograra sobreponerse y soportar aquel cuadro de terror, sólo para sentirse aliviado del terror». Ayala, 2006. pp. 423-423.

376. «Todo lo que hago sin ti (música, teatro, lo que sea) me hace llorar. En el cine no pude disimularlo siquiera». En Jiménez/Camprubí, 2017. p. 1.108.

377. Fantasmagorías y ganas de dormir que recuerdan al poeta de principios de siglo que autorretrató en su *Diario íntimo*.

sus cartas una excitación con salidas de tono y está irritable y picajoso.

A finales de enero de 1952, Juan Ramón se encuentra en un estado de ensoñación permanente y llega a escribirle a Zenobia que «la verdad es que hay muchos instantes en que dudo de la realidad y no sé si existo o no». Se sincera al decirle que «estoy tomando Protinae y me parece que la cabeza está ya mejor que hace unos días. Pero ¿cómo dormir?».

Parece que Juan Ramón sugiere que no le quedará más remedio que volver a tomar sedantes para conciliar el sueño y le deja entrever a su esposa esa posibilidad. En la correspondencia publicada bajo el título de *Monumento de amor: epistolario y Lira* (2017), se reproduce el poema «La infinita ausente», donde el poeta explicita, siempre de forma velada, su proceder:

> Enfermedad sin nombre,/que sólo yo conozco,/me come el alma triste hasta la vida,/y me reclama el sueño artificial.

El escritor se muestra preocupado ante el cansancio de su mujer y de nuevo profesora sus dotes médicas al detallarle la forma en que ha de esnifar el amonio y le escribe «ten cuidado de aspirarlo despacio y suavemente, y de no meterlo en la nariz, sino un poco separado[378]».

En febrero de 1952 ,el poeta sigue con arritmias. Según su mujer, se trata de una «crisis de corazón». En

378. Camprubí/Jiménez, 2017. pp. 1.108-1.111, 1.156, 1.272, 1.169 y 1.143.

el diario, Zenobia desnuda sus sentimientos al escribir que ha pasado unos días de congoja y «creer que tal vez tendría que dejarlo».

A mediados de junio, el matrimonio pasa una gripe «muy benigna» y, en agosto, el poeta sigue con sus aversiones y tiene un «ataque de lumbago».

En octubre, Juan Ramón escribe a José Luis Cano a quien le cuenta que los hospitales americanos le han debilitado mucho «con sus tratamientos improvisados[379]».

De las vicisitudes médicas de Juan Ramón Jiménez relativas a 1953 no tenemos apenas noticias. Sabemos que el poeta se resfría con frecuencia[380], pero apenas disponemos de anotaciones y fuentes documentales de este periodo porque Zenobia sufrió un trance depresivo a causa del cáncer que sufrió su hermano Augusto. Éste les visitó en Puerto Rico, desde enero a marzo, cuando finalmente muere. En septiembre, recuperan su ritmo habitual y, en noviembre, Juan Ramón vuelve a estar enfermo de colitis[381].

Parece que la *trinidad* opio-colitis-salicilatos regresa a la vida del poeta cuando Zenobia escribe en el Año Nuevo de 1954 que «J.R. se dio ayer tarde en la terraza o balcón de esta casita y del consumo de las dos únicas papeletas de Vivas Pérez que no estaban estropeadas por la humedad del trópico (estaban en una caja de lata pero J.R. no las había usado hacia tiempo distraído por otras medicinas [sic], que le sirven mucho menos y

---

379. Jiménez, 1977. p. 202.
380. Camprubí, 2006. pp. 1.129, 1.137 y 1.138.
381. Gullón, 2008. p. 54.

recomendadas por los médicos de aquí). La colitis ayer hizo crisis[382]». Zenobia utiliza el eufemismo de «distraído por otras medicinas» pero no precisa nombrarlas. De nuevo omite la medicación que toma su marido cuando el 5 de enero anota en su diario que la colitis pasaría en 48 horas porque «para evitar una recurrencia el Dr. Rodríguez Olleros le dio unos últimos toques». Y vuelve a eludir el nombre del fármaco en otra misiva al matrimonio amigo cuando dice «muchísimas gracias por el envío de Vivas Pérez, que va a venir de perilla porque lo de J.R. está reacio, a pesar de la colaboración de los dos médicos, y cada dos o tres días vuelve a las andadas». Un párrafo críptico que soslaya a qué andadas se refiere y qué es «lo de J[uan] R[amón]».

Una semana después, llega otra remesa de salicilatos Vivas Pérez para alegría de Zenobia, «pues Juan Ramón no se pondrá bien del todo mientras no lo tome[383]».

Esta *trinidad* medicamentosa se mantiene en 1954, pues en enero la mujer del poeta le escribe a Juan Guerrero para decirle que «los papelillos de Vivas Pérez ya están depositados como gran tesoro en su caja de lata y mucho me gustaría que Olleros, mañana, le dijera a J.R. que los tomara, en vez de las medicinas que él le ha recetado y que no están dando gran resultado, aun cuando

382. Pese a que la carta está fechada a 1 de enero de 1953, se refiere al primero de año de 1954. Algo normal al ser año nuevo. Camprubí, 2006. p. 1.143. Hay otras alusiones a la colitis de Juan Ramón. Camprubí, 2006. pp. 1.115 y 1.128, 1.146, 1.155, 1.159 y 1.239; Gullón, 2006. pp. 183 y 185; y Gullón, 2008. pp. 103 y 105.

383. Camprubí, 2006. p. 1.151. Ya hemos visto los riesgos que conlleva el salicilismo por exceso de los salicilatos de bismuto y cerio de los papelillos Vivas Pérez.

sí el suficiente para que J.R. pueda acudir sin falta a su seminario».

Como ya vimos en 1947, el poeta es probable que tomara láudano para evitar la colitis en los días de clase, pese a que no dé «gran resultado», pero el moguereño lo prefiere como hábito adquirido. También Zenobia utiliza la astrigencia del láudano al volver a ser radiada debido a su cáncer de útero recidivo:

> Figúrense ustedes si sabré yo de esas colitis producidas por el *radium* que para poder dar mis tres horas seguidas de clase tenía que tomarme dos gotas de láudano en una cucharada de azúcar, que me inhibía durante cuatro horas, media de ida, tres de clase y media de vuelta.

Por otro lado, la sintomatología de Juan Ramón cada vez concuerda más con la abstinencia de un intoxicado:

> J.R. salió del local completamente sin voz, resfriado y con escalofríos que se convirtieron después en destemplanza bastante subida[384].

En el libro *Por el cristal amarillo*[385], que recoge prosas comprendidas entre los años 1902 y 1954, el poeta recuerda a su madre en una serie de anotaciones fechadas el 1 de setiembre de 1928. Juan Ramón dice que «se había puesto muy delgada» y que «cuando se estaba muriendo la pobre *deliraba* con las flores». Juan Ramón nos aclara

384. Camprubí, 2006. pp. 1.250 y 1.156.
385. Jiménez, 1969. pp. 998-1.275.

que Mamá Pura «despertó, de su sopor de láudano, alzó los ojos a la puerta y nos llamó», para rematar el recuerdo con un «y se sumió en lo confuso del que solo le sacó el nivel de la muerte[386]».

De esta manera entendemos mejor la anotación que la esposa del poeta hace en sus diarios, en enero de 1954, cuando escribe que «después de una crisis, J.R. está mucho mejor. Ayer por la madrugada estuvo peor desde las 4:45 a.m., y yo alarmadísima, recordando que su mamá se murió de colitis a los 76 años[387]». Al llegar el médico dijo que aquel episodio sería historia en dos días, «pero el Dr. Rodríguez Olleros le dio los últimos toques» para evitar que le volviera la colitis. De nuevo Zenobia omite a qué se refiere con «toques».

En abril, su mujer anota que su marido lleva dos días de colitis.

En mayo, Zenobia escribe que el poeta se encuentra ensimismado o dormido.

En junio, su mujer despotrica de la actitud de Ricardo Gullón que acude a cenar «infinitas veces» a su casa y que incluso le deja sus camisas para que se las lave y planche su sirvienta puertorriqueña. En ese mes de 1954, el poeta sufre mareos.

En septiembre, anota que su esposo se encuentra «tan abatido que se echa a llorar [...], despertó temblando

386. Camprubí, 1969. pp. 1.196-1.197, 1.199 y 1.200.

387. Recordemos que el propio Juan Ramón le transmitió a Guerrero Ruiz que «las enfermedades de la nutrición producen un reflejo moral enorme, y el envenenamiento que yo he padecido ha sido, la causa congénita [sic] de mi melancolía», a lo que quizá pudiera añadirse también un tratamiento congénito de láudano.

y con un pulso frecuentísimo. Menos mal que nuestro buen Dr. Batlle, casero y amigo, bajó al momento y le hizo tomar un par de sedantes que pronto transformaron el cuadro. La colitis espástica ha estado deprimiendo a J.R. últimamente[388]» y le lleva a un cuadro de ansiedad extrema sin explicar con qué medicamentos aplaca su dolencia intestinal. Sí anota que su marido comienza a recobrar fuerzas a base de «inyecciones de hígado [de bacalao][389]».

En octubre de 1954, Zenobia escribe que «las ojeras de J.R. parecían llegarle al fondo del cráneo y su excitación nerviosa era una pura angustia [...]. Lo que hay que averiguar esta semana es si, efectivamente, la pérdida exagerada de peso se debe a su angustia nerviosa o a otra causa». A finales de ese mismo mes, anota que «J.R. lleva 12 días en el hospital[390]». El poeta no sale de su depresión y podría estar siendo tratado con opiáceos ya que uno de sus efectos es la astrigencia, algo que Zenobia deja patente en carta a su marido:

> Te pido por favor que no te quedes en la cama y que les digas a los doctores que no has tenido movimiento de intestinos desde el último día de suero. Si te tomaras una cucharadita de Fosfosoda que te llevé, saldrías enseguida de complicaciones, porque es demasiado atasco para salir de él solo con las ricas uvas del doctor Batlle.

388. Camprubí 3, 2006. pp. 41, 44, 52, 56-58 y 66 y Gullón, 2006. pp. 186-187.
389. «Mañana vamos por la quinta». Camprubí 3, 2006. p. 67.
390. Seguramente en la clínica Mimiya, a la que le lleva Zenobia sin decírselo «hasta última hora». En Camprubí 3, 2006. p. 69.

En noviembre, el poeta añade una pastilla para la tensión a su extenso catálogo farmacológico pese a tenerla en parámetros normales porque «le ha tomado prevención».

A finales del año 1954, ambos parecen utilizar el opiáceo de manera habitual. Zenobia escribe a Juan Guerrero que «la verdad es que J.R. se da a querer, porque cuando, excitado, nos dice atrocidades, al momento reacciona y nos pide perdón. Cuando le decimos que parece imposible que un hombre inteligente día por día nos asegure que es el último de su vida, amanezca tan campante y vuelva a las andadas, nos contesta: "Pero es que es mi enfermedad". Y todos estamos de acuerdo». La abnegada esposa del escritor vuelve a reconocer en esa misma carta que «la única manera de asistir a mis clases, era tomándome unas gotas de láudano», pese a que una vez pasado el efecto le volvieran los cólicos y su nerviosismo aumentara por lo que su amigo Onís le dice «pero por Dios, Zenobia, tranquilícese y tómese las cosas con serenidad. Usted está más nerviosa que él[391]».

El 4 de diciembre, Zenobia anota en su diario que los doctores Prados y Batlle intercambian impresiones sobre «nuevas drogas» para tratar a su marido.

Juan Ramón se trata con inyecciones. Ella explicita que «me encargó el doctor Batlle conseguir una medicina para J.R. que no se puede interrumpir y no sé si lo que he conseguido es exactamente igual a lo que se viene inyectando desde el lunes». De nuevo omite el nombre de la sustancia.

---

391. Zenobia tomó el opiáceo desde que empezó con los rayos X, y hasta bastante después de acabar con el radium. Camprubí, 2006. pp. 1.269-1.270.

El poeta está siendo tratado con «Torazine[392]», parecido al «Seporsil» de la casa Ciba «que le iba muy bien tomada en tabletas». Se trata de antipsicóticos a base de clorpromacina, un potente neuroléptico[393].

Juan Ramón comienza a gustarse en «su enfermedad». Zenobia lo deja meridianamente claro cuando escribe a Guerrero que «el tratamiento de «Torapine» que tanto me preocupa por su reacción febril[394], parece que a J.R. le empieza a gustar y, al ver que le suspendían hoy las inyecciones, me pidió que rogase al doctor Batlle que se las volviera a poner[395]».

Ricardo Gullón también dejó claro que los últimos meses de 1954 fueron penosos para el poeta que perdió mucho peso y se quejaba de frío desde el mes de octubre y su mujer se preocupaba «por tantas drogas y medicinas como le administraban».

Zenobia cuenta en su diario que Juan Ramón está muy alterado y el día 12 de diciembre confiesa que «¡Los días pasan y el pobre Juan Ramón sigue en el Hospital! Ahora es él quien pide la «Thorazine» [toracina] porque dice que cree le ayuda a dormir mejor[396]».

---

392. En el diario Zenobia lo llama «toracina». Camprubí 3, 2006. p. 72.
393. Camprubí, 2006. p. 1.271.
394. Zenobia anota en el diario su inquietud por la reacción que el medicamento provoca en su marido. A la fiebre que le ocasiona, se añade la lectura de opiniones médicas en el periódico *El Mundo* en contra de aplicar la «toracina» a enfermos con trastornos cardíacos. Camprubí 3, 2006. p. 72.
395. Zenobia añade: «No cabe duda [de] que le calma la "Torapine" [clorpromacina] y que descansa mejor por la noche». Camprubí, 2006. p. 1.274.
396. Camprubí 3, 2006. p. 72. Zenobia se confiesa «angustiada entre la esperanza de que la droga le haga bien y el terror de que le haga daño».

A finales de 1954, el escritor que ya venía tomando dosis menores de clorpromacina «para acostumbrarlo», es sometido ahora a un tratamiento intensivo de inyecciones de Torapine, algo que Zenobia no puede soportar y le lleva a salir de la habitación cuando las recibe. El poeta se encuentra tan sedado que derrama la leche cuando se la hacen beber debido «a su adormilamiento[397]». El escritor ya es un «enfermo» ilustre que «tiene un verdadero séquito entre médicos amigos: el otro día le conté dieciséis, sin buscar demasiado[398]».

El día 14 de diciembre Zenobia anota en su bitácora:

> Aquí estoy junto a la cama de J.R. Él me tiene la mano izquierda entre las suyas y se entreduerme con los efectos de la última inyección de «Thorazine». [...] No veo el momento de que se disminuya la droga[399].

No entiende que «a pesar de médicos y drogas» su marido haya disminuido su alimentación hasta el punto de que incluso la leche la tomaba «solo a sorbitos».

397. También sufre porque «la "Torapine" es carísima». En Camprubí, 2006. pp. 1.276-1.277. Zenobia confía en la ciencia psiquiátrica y piensa que «los médicos no deben creer que este tratamiento es muy grave porque el doctor Batlle, desde que puso él la primera inyección, no ha vuelto todavía», pero cuando vuelve el citado médico «encontró a J.R. medio envenenado».

398. «Los puertorriqueños rivalizan con los españoles y el de cabecera es el dominicano Batlle. El venezolano Viamón le ve cada día a las 8, rodeado de tres o cuatro internos». En Camprubí, 2006. p. 1.279.

399. Camprubí 3, 2006. p. 74.

En Navidad le suspenden el tratamiento que, según cree su mujer, «le ha hecho mucho daño» y le realizan una trasfusión de sangre. El día 28, el poeta acaba de bajar la fiebre y se encuentra en un duro trance, «con su hipo horrible y la respiración angustiosa del comienzo de la pulmonía». Zenobia escribe que le llevará su «cuarta trasfusión de sangre, que es lo que a él más le satisface».

Continúan las transfusiones, lo que, según su esposa, le ha dado a Juan Ramón, «¡gracias a Dios!, un colorcito suave, rosado[400]». Es tanta la impresión favorable que ejercen sobre ella que no duda en escribirle a su amigo Juan Guerrero, en enero de 1955, que «voy a pedir a F[ernández] M[arina] que, si no lo cree perjudicial para J.R., le adelante un día las transfusiones hasta ponerlas el mismo día que voy yo, porque se le pone un color tan bonito, nada arrebatado, pero sí sano, y a mí me impresiona favorablemente, de modo que él ve mi verdadera fe en su mejoramiento y ayuda[401]».

Su estado de salud se ve condicionado por el escaso régimen del poeta al que Zenobia añade huevos[402] y leche

---

400. Camprubí, 2006. pp. 1.280, 1.282-1.283 y 1.288.
401. Camprubí, 2006. p. 1.300. También en su diario anota la buena impresión que le generan las transfusiones de sangre que recibe su marido: «[...] Y como se acaba de poner la transfusión, tenía una vida y un color que daban gloria. Voy a pedirle al doctor que le anticipe en un día las transfusiones (si lo cree conveniente) hasta caen en sábado para que yo lo vea al día siguiente o el domingo si es mejor».
402. Son significativas las declaraciones de Graciela Palau de Nemes, biógrafa del poeta, quien de viva voz declaró en el programa de televisión *Las noches blancas* dirigido por Fernando Sánchez Dragó (emitido el 27 de noviembre de 2006 en Telemadrid) que Juan Ramón estuvo depresivo desde la muerte de su padre hasta el final de sus días y sometido a tratamientos que le perjudicaban: «A Juan Ramón lo trataban con

camuflados en el ponche. Por un lado, Juan Ramón se queja de «la sonda que tanto pedía» y, por otra parte, no la quiere abandonar:

> Yo quisiera tener a J.R. en casa, pero no puede ser mientras no consiga hacerle abandonar la sonda. El caso es que, mientras le dure el hambre atrasada, le tienen que dar unas cantidades tan grandes de alimento que no me extraña que insista en que parte de ellos le sean pasados por la sonda[403].

El estado de salud de Juan Ramón se ha deteriorado mucho. Zenobia le escribe a la biógrafa de su marido, Graciela Palau de Nemes, que «él comía bien en los dos primeros hospitales pero, cuando estaba en el segundo, empezaron a darle una nueva droga y, desde ese momento, se negó a pasar nada sólido y acabó por no querer tomar ni un litro de leche al día y por quedarse del todo en cama».

Sigue el mes de febrero con el poeta ya en casa, pero su aprensión continúa. Zenobia escribe que «este mediodía ha estado un rato Ga[rcía] Madrid, conmovido por las súplicas de J.R., que le llamaba diciéndole que se moría de debilidad». Sus lamentos ante la inminencia de su muerte son recurrentes a lo largo de los meses.

---

medicamentos o medicinas que, de verdad, no curaban. Al contrario. A veces leo en las cartas a Juan Guerrero… ¡qué barbaridad de trasfusiones de sangre! De darle cinco huevos porque no comía bien… No. Por eso yo digo que me parece que si no hubiera sido por su enfermedad [sic] el retrato que queda de Juan Ramón Jiménez hubiera sido el de una cosa extraordinaria».

403. Camprubí, 2006. pp. 1.296 y 1.314.

Es el 13 de marzo de 1955 cuando Juan Ramón sufre un episodio paranoico que, según se desprende de las palabras de Zenobia, no debió ser el primero ni quizá el último:

> Las cosas que me desconciertan a mí, porque no me las explico, ocurren unas pocas veces sin tomar droga alguna [sic], sus salidas intempestivas sin explicación. Yo acababa de conseguir que se dejara pelar cabeza y barba por primera vez en un mes, o sea, desde la salida del hospital, no sin que antes montara en cólera y me estrujase con rabia un brazo [...], exclamó de buenas a primeras y sin aparente enlace ni motivo: «Mira, has tirado por el suelo la carta de Goethe». Yo miré si había algún papel, que no había, y le dije exasperada: «Si no hay ningún papel». A lo que repuso sin vacilar: «Sí, no te acuerdas de mis cosas. La que me escribió cuando me tradujeron al alemán mi Platero». Este tipo de fenómenos me escalofría.

En abril, el poeta sigue consumiendo multitud de proteínas, botes y latas de «prescripciones médicas» que desecha a la «segunda cucharada[404]».

Se antoja significativo que dentro de la camarilla de médicos[405] que atendían al poeta, estuviera el doctor Batlle pese a que no fuera especialista en «la enfermedad» de Juan Ramón:

---

404. Camprubí 3, 2006. pp. 82 y 85.

405. Zenobia anota el 3 de junio que «Cuando se vaya el Dr. Batlle veremos cómo reacciona J.R. Cecilia [Enjuto] me está arreglando una cita con el Dr. Cucurella porque J.R. se ha quedado de golpe sin 4 médicos y hay que tener a alguien por si acaso».

> A las 3.30 de la tarde, antes de salir para su oficina, le pone una inyección a J.R. Éste está encariñadísimo con él, aunque sabe que la especialidad de nuestro casero (la ginecología) nada tiene que ver con su caso[406].

En mayo de 1955, el doctor Luria le procura una «serie nueva de inyecciones» e inicia otro nuevo tratamiento que «por ahora solo ha conseguido darle un cólico y hacerle pasar una noche de intran…», para a continuación escribir que el poeta se le puso «tan plañidero» que tuvo que desistir de salir.

Juan Ramón continúa su régimen de inyecciones y sigue viendo desfilar un rosario de médicos que le procuran distintos remedios[407]. Las finanzas del matrimonio se resienten. Sin embargo, cuando el poeta piensa que tienen dinero suficiente, «se quiere recluir en un hospital».

En junio, el poeta de Moguer continúa sumido en la depresión, furioso e irritable, comportamiento que tratarán de paliar a base de inyecciones de insulina, como veremos.

---

406. Camprubí, 2006. p. 1.353.

407. «Hablé por teléfono con el Dr. Cuquerella, ya que han desfilado 3 médicos y el Dr. Batlle se va el lunes por la tarde». Camprubí 3, 2006. p. 101. «El Dr. Batlle vuelve mañana, cosa que ha regocijado a J.R. El Dr. Luria estuvo cenando aquí y mañana va a ver a Larry Sánchez sobre la posibilidad de otro tratamiento para J.R.». En Camprubí 3, 2006. p. 116. También le trata Miguel Prados (hermano del poeta Emilio Prados). Camprubí 3, 2006. p. 123, así como el doctor Franceschi que trataba a la propia Zenobia. Camprubí 3, 2006. p. 129. El Dr. Rodríguez Olleros le proporciona «una medicina» que le hace más efecto del esperado. De nuevo Zenobia no especifica cuál ni qué efecto. Camprubí 3, 2006. p. 189.

Cuando el escritor no recibe algún tipo de sedación pierde los nervios y llega a vocear sin motivo «dando unos gritos espeluznantes[408]».

Un Juan Ramón, ya polimedicado, recibe inyecciones de insulina[409] a modo de sedativo (es un efecto secundario de su administración) hasta el punto de que Zenobia anota el 18 de junio de 1955 en su diario que «la insulina cambia a J.R. por completo, y cuando se suspende vuelve a excitarse[410]».

En julio continúa su depresión y su neurosis[411] con picos de exaltación nerviosa que irán en aumento[412] por

---

408. Camprubí 3, 2006. pp. 101, 105, 108 y 112.

409. Camprubí 3, 2006. p. 94. «A las 11.30 nos vamos al dispensario en donde le ponen la inyección de insulina para abrirle el apetito, que también parece calmarle los nervios». Quizá convenga recordar que el médico austríaco Manfred Sakel comenzó a tratar a los adictos a la morfina con insulina y encontró que pequeñas dosis de esa sustancia podían ayudar en la abstinencia. Una terapia que comenzó a utilizar a mediados de los años 20 y fue muy utilizada hasta bien entrados los años 50 del siglo XX. Este tratamiento también le fue aplicado al poeta Leopoldo María Panero en la España de 1968. Benito Fernández, 2023. pp. 138 y 167.

410. Anotaciones sobre inyecciones de insulina aparecen en Camprubí 3, 2006. pp. 111, 112, 114, 126, 132, 133, 136, 137, 138, 139, 140-141, 165, 166, 191 y 205.

411. Camprubí 3, 2006. pp. 124 y 125.

412. Camprubí 3, 2006. pp. 124-125 y 135. En octubre el poeta llega a estallar los platos donde le sirven la comida y le han de poner una vajilla irrompible. El 15 de noviembre, Zenobia anota que Juan Ramón deshace a tiras un mantel de plástico y se destroza la corbata por su nerviosismo: «Creo que está necesitando tomar insulina otra vez, y no se opone». El 4 de diciembre anota: «J.R. tan nervioso que se arrancó los botones y destrozó el bolsillo derecho de la chaqueta, no ya por dentro, como en días anteriores, sino que se lo destrozó por fuera... Estas cosas me tienen desesperada. Hace días que le estoy hablando de las inyecciones de insulina».

lo que incrementan las dosis sedantes de insulina que al poco devienen en mayor irritabilidad. El poeta tiene tratamientos de otras medicinas «de cuchara» que a veces se niega a tomar mientras continúa su nerviosismo y las inyecciones[413].

La botica familiar aumenta con cápsulas de belladona que el doctor Franceschi le receta a Zenobia para «los nervios[414]», mientras se recrudece la fobia a los olores de Juan Ramón[415].

En agosto, su irascibilidad se dispara y vuelve la supuesta gripe.

El poeta parece adicto a cualquier remedio que pudieran procurarle mediante aguja[416], tal y como se desprende del diario de Zenobia cuando escribe que «J.R. ha estado en tal estado de inquietud por temer que perdía su inyección, que no me ha quedado más remedio [...] que ir a sacar el auto y a buscar a la enfermera». Ahora las dosis son de penicilina.

El escritor comienza a abandonar su higiene para desesperación de su esposa Zenobia, quien anota que «está sucio y no consigo cambiarle el traje[417]». Coinci-

413. Camprubí 3, 2006. pp. 126-127, 132-133, 135 y 129.

414. «Por lo visto, las cápsulas del Dr. Franceschi son potentes, pues poco después del desayuno tuve varios cólicos seguidos que dieron al traste con mis proyectos». Camprubí 3, 2006. p. 130.

415. Camprubí 3, 2006. pp. 133, 140 y 161.

416. Parece desarrollar lo que el doctor César Juarros llamó «kentomanía», es decir, «adicción al pinchazo». Juarros, 1920. p. 25. Dicha afición conlleva «un estatuto de irresponsabilidad, que, en ciertas situaciones existenciales tiene sus ventajas». Usó, 1996. pp. 344-345.

417. Camprubí 3, 2006. pp. 163 y ss.. «Estoy cansada por la lucha infructuosa por lavar a J.R., cambiarle de ropa y hacerle pelar». Su falta de aseo continúa en 1956. «Tiene agujereados los pantalones y no quiere

diendo en el tiempo, vuelven a recrudecerse sus fobias olfativas[418].

En noviembre, vemos que continúan medicando al poeta con medicinas, pero su esposa mantiene el pudor a la hora de especificar los nombres de las mismas. El día 12 de ese mes, Zenobia anota en su diario que «una medicina de Rodríguez Olleros le hizo más efecto del calculado», por lo que tuvo que abandonar el trabajo durante la mañana.

El poeta acaba el año nervioso y depresivo.

Juan Ramón tiene una leve mejoría en enero de 1956. Parece serenarse con las nuevas inyecciones de insulina[419] y las medicinas, que comenzó a tomarse a mediados de diciembre de 1955[420], pero su estado no mejora a mediados de mes. Sufre nuevos cuadros nerviosos[421], la sempiterna colitis y la recidiva fobia a los olores. Además delira con brotes obsesivos[422] y presagia su muerte. Poco puede hacer Zenobia con su marido cuando ella se encuentra muy enferma, tomando codeína y sufriendo hemorragias.

---

cambiarse de traje para despedirme en el aeropuerto».

418. Camprubí 3, 2006. pp. 166, 171, 172, 173, 204, 211, 250, 256, 342 y 349.

419. Camprubí 3, 2006. p. 228.

420. «Por la tarde fui [Zenobia] a la Farmacia Blanco para conseguir el pulverizador y medicina, a ver si logramos acabar con la alergia de J.R.». Camprubí 3, 2006. p. 211.

421. Zenobia no está segura de que su marido se tome el Butisol (sedante) y lo camufle con Pepsina. Sobre su estado de nervios, ver Camprubí 3, 2006. pp. 239, 253, 254, 311 y 330.

422. El 12 de febrero de 1956 Zenobia apunta en su diario: «Me acosté temprano para escapar a la persecución de J.R., que repite o me intenta hacer repetir hasta el infinito cosas estúpidas y sin sentido como si el Dr. F[ernández] F[uster] va a salir esta noche», en Camprubí 3, 2006. p. 257.

Juan Ramón se ocupa de ella[423], pero está afligido, nervioso[424] y tiene arranques de furia que no puede controlar[425], lo que desasosiega todavía más a Zenobia que ya se encuentra herida de muerte y polimedicada también a base de opiáceos[426]. «Estoy hecha una botica[427]», anota el 13 de mayo de 1956.

Al deterioro de la salud de la pareja se añade que Juan Ramón «sigue obsesionado de que nos suicidemos los dos». El 29 de agosto Zenobia ya se siente herida de muerte y escribe en su diario que «tendré tiempo de hacer la mayor parte del testamento[428]», a sabiendas de que moriría apenas dos meses más tarde[429]. En el libro *Juan Ramón Jiménez, 1956: crónica de un premio Nobel*, se detalla cómo se gestó el galardón concedido al escritor de Moguer. La noticia se hace pública el día 25 de octubre, pese a que se le comunicase de manera privada unos días antes para que su mujer pudiera ser partícipe de la noticia dadas las circunstancias de la enfermedad que acabará con su vida apenas tres días después[430].

423. Camprubí 3, 2006. pp. 273, 285, 291, 292, 293, 301, 303, 313 y 317.
424. Camprubí 3, 2006. pp. 280 y 281.
425. «En un ataque de furia como no había tenido como hace tiempo, los echó a todos a la calle con la mayor grosería», en Camprubí 3, 2006. p. 292.
426. Codeína y láudano. Camprubí 3, 2006. pp. 286, 288, 299, 320, 346, 347, 348, 360, 361 y 367.
427. Camprubí 3, 2006. pp. 309 y ss., relativo a su polimedicación (codeína, butisol, toracina, buferina, cortisona, tonil…).
428. Camprubí 3, 2006. pp. 301 y 363.
429. Para seguir la secuencia de los últimos días de Zenobia y cómo supo de la concesión del premio Nobel a su marido ver Albornoz, 1981. pp. 49-54 y Campoamor, 1976. pp. 316-327.
430. Alegre, 2008. pp. 172-194.

Tras la muerte de su esposa los males del poeta se acentúan. Su depresión y abandono preocupan a sus cercanos[431] que, a través de su asistenta y la mediación del Dr. Batlle, le llevan a ser admitido en el Hospital Hato Tejas[432] en 1957.

Su recuperación fue «milagrosamente rápida» hasta que en 1958 el escritor a consecuencia de una caída sufre una fractura de fémur en la pierna derecha lo que le reduce a una silla de ruedas[433]. El 25 de mayo el poeta ingresa en la Clínica Mimiya, la misma en que murió su esposa, con una bronconeumonía que acabará con su vida cuatro días después[434]. Acompañado por su sobrino Francisco Hernández Pinzón, el rector Benítez de la Universidad de Río Piedras y el doctor Batlle que le asistió en todo momento.

En junio de ese mismo año, los restos mortales del matrimonio fueron trasladados a Moguer.

---

431. «La depresión del poeta era tan honda que alarmó a los que lograron verlo [...]. Federico Enjuto, pariente de Zenobia, que logró ser recibido por J.R., lo encontró «desastrado, lleno de manchas y roto, con largos pelos y barba»», en Camprubí 3, 2006. p. 380.

432. Hospital para veteranos con enfermedades mentales donde, todavía en vida de Zenobia, el poeta fue agredido por un interno que le hizo «una herida en la cabeza». Camprubí 3, 2006. p. 389.

433. Camprubí 3, 2006. p. 389. Gullón escribe que «[...] se cayó y se fracturó la cadera derecha, entre la cabeza y el cuello del fémur». Gullón, 2006. p. 256. Cabe señalar que el uso continuado de sedantes e hipnóticos aumentan el riesgo de caídas y fracturas óseas.

434. Alegre, 2008. pp. 172-194.

BIBLIOGRAFÍA

AGUAR, Octavio. 1981. *Drogas y fármacos de abuso*. Madrid: Consejo General de Colegios Oficiales de Farmacéuticos.

ALARCÓN SIERRA, Rafael. 2003. *Juan Ramón Jiménez: pasión perfecta*. Madrid: Espasa,

ALBORNOZ, Aurora de. 1981. *Juan Ramón Jiménez*. Madrid: Taurus.

ALEGRE HEITZMANN, Alfonso. 2008. *Juan Ramón Jiménez, 1956: crónica de un premio Nobel*. Madrid: Residencia de Estudiantes.

AYALA, Francisco. 2006. *Recuerdos y olvidos (1906-2006)*. Madrid: Alianza literaria.

AZAM, Gilbert. 1983. *La obra de Juan Ramón Jiménez*. Madrid: Editora Nacional.

BEHR, Hans George. 1981. *La droga, potencia mundial*. Barcelona: Planeta.

BENITO FERNÁNDEZ, J. 2023. *El contorno del abismo: vida y leyenda de Leopoldo María Panero*. Barcelona: Anagrama.

BLASCO, Javier. 2009. *Juan Ramón Jiménez: Álbum*. Madrid: Residencia de Estudiantes.

CAMPOAMOR GONZÁLEZ, Antonio. 1976. *Vida y poesía de Juan Ramón Jiménez*. Madrid: Sedmay.

CAMPRUBÍ, Zenobia. 2006. *Diario 1. Cuba (1937-1939)*. Madrid: Alianza.
Diario 2. Estados Unidos (1939-1950). Madrid: Alianza.
Diario 3. Puerto Rico (1951-1956). Madrid: Alianza.
2006. *Epistolario I: cartas a Juan Guerrero Ruiz 1917-1956*. Madrid: Residencia de Estudiantes.
2020. *Epistolario II. 1895-1936*. Madrid: Residencia de Estudiantes.
2022. *Epistolario III. 1936-1951*. Madrid: Residencia de Estudiantes.

CAMPRUBÍ, Zenobia y PALAU DE NEMES, Graciela. 2009. *Epistolario 1948-1956*. Madrid: Residencia de Estudiantes.

CANSINOS ASSENS, Rafael. 2009. *La novela de un literato 1, 2 y 3*. Madrid: Alianza.

CASTOLDI, Alberto. 1997. *El texto drogado: dos siglos de droga y literatura*. Madrid: Anaya & Mario Muchnik.

CONTRERAS, Álvaro y RAMOS, Julio. 2023. *Farmacopea literaria Latinoamericana: antología y estudio crítico (1875-1926)*. Puerto Rico; Santiago de Chile: La Criba; Cuarto propio.

CORTÉS IBÁÑEZ, Emilia. 2020. *La llama viva*. Madrid: Alianza.

COCTEAU, Jean. 2009. *Opium*. Barcelona: Backlist.

DARÍO, Rubén. 1992. *El mundo de los sueños*. Managua: Ministerio de Educación.

DÍAZ-PLAJA, Guillermo. 1958. *Juan Ramón Jiménez en su poesía*. Madrid: Aguilar.

ESCOHOTADO, Antonio. 1999. *Historia General de las Drogas.* Madrid: Espasa.

ESTRELLA CÓZAR, Ernesto. 2013. *Espacio, poema en prosa de Juan Ramón Jiménez: centro de una metamorfosis poética.* Madrid: Visor.

EXPÓSITO, José Antonio. 2021. *Ecos de una voz. La amistad traicionada; Juan Ramón Jiménez y la generación del 27.* Ourense: Linteo.

FERIA JALDÓN, E. 2006. *Juan Ramón Jiménez: psicocrítica.* Huelva: Fundación Juan Ramón Jiménez.

FERNÁNDEZ BERROCAL, Rocío. 2007. *Guía del Madrid de Juan Ramón Jiménez.* Madrid: Comunidad de Madrid.

FOGELQUIST, Donald. 1956. *The literary collaboration and the personal correspondence of Ruben Dario and Juan Ramón Jiménez.* Hispanic American Studies, University of Miami.

GARCÍA CASTRO, Javier Andrés. 2017. *Psicopatología y espiritualidad en la vida y obra de Juan Ramón Jiménez.* Murcia: Universidad de Murcia.

GARFIAS, Francisco. 1996. *Juan Ramón en su reino.* Huelva: Fundación Juan Ramón Jiménez.

GICOVATE, Bernardo 1973. *La poesía de Juan Ramón Jiménez: obra en marcha.* Barcelona: Ariel.

GONZÁLEZ, Ángel. 1981. *Juan Ramón Jiménez.* Madrid: Ediciones Júcar.

GONZÁLEZ DURO, Enrique. 2002. *Biografía interior.* Madrid: Libertarias Proudhufi.

GONZÁLEZ RÓDENAS, Soledad. 2005. *Juan Ramón Jiménez a través de su biblioteca.* Sevilla: Universidad de Sevilla.

2013. *Por obra del instante: entrevistas.* Sevilla: Fundación José Manuel Lara.

GUERRERO RUIZ, Juan.

1961. *Juan Ramón de viva voz.* Madrid: Ínsula.

1998. *Juan Ramón «de viva voz» I (1913-1931).* Valencia: Pre-textos.

1999. *Juan Ramón «de viva voz» II (1932-1936).* Valencia: Pre-textos.

GULLÓN, Ricardo. 1960. *Estudios sobre Juan Ramón Jiménez.* Buenos Aires: Losada.

1990. *Juan Ramón Jiménez: año de gracia de 1903.* Madrid: Real Academia Española.

2006. *El último Juan Ramón Jiménez.* Madrid: Huerga & Fierro.

2008. *Conversaciones con Juan Ramón Jiménez.* Sevilla: Sibilina; Fundación BBVA,

JAY, Mike. 2024. *Psicoautas.* Barcelona: Paidós.

JIMÉNEZ, Juan Ramón. 1907. *Habla el poeta.* Madrid: Renacimiento. Año I, nº8.

1960. *Cuadernos de Juan Ramón Jiménez.* Madrid: Taurus.

1962. *Cartas de Juan Ramón Jiménez.* Madrid: Aguilar.

1964. *Primeros libros de poesía de JRJ.* Madrid: Aguilar.

1969. *Libros de prosa de JRJ. 1.* Madrid: Aguilar. [Ordenación y prólogo de Francisco Garfias]

1973. *Selección de cartas*. Barcelona: Ediciones Picazo.
1977. *Cartas literarias*. Barcelona: Bruguera.
1981. *Poesía nº13-14: revista ilustrada de información poética*. Madrid: Ministerio de Cultura.
1990. *Ideolojía (1897-1957)*. Barcelona: Anthropos.
1999. *Lírica de la Atlántida*. Barcelona: Galaxia Gutenberg.
2001. *Tiempo*. Barcelona: Seix Barral.
2005. *Obras selectas I: Antología jeneral en prosa 1898-1954*. Barcelona: RBA.
2006a. *Epistolario I (1898-1916)*. Madrid: Residencia de Estudiantes.
2006b. *Leyenda (1896-1956)*. Madrid: Visor.
2009a. *Cuentos largos (1906-1949); crímenes naturales (prosas tardías 1936-1954)*. Madrid: Visor;-Huelva: Diputación de Huelva.
2009b. *Guerra en España: prosa y verso (1936-1954)*. Sevilla: Point de Lunettes.
2012a. *Epistolario II (1916-1936)*. Madrid: Residencia de Estudiantes.
2012b. *Espacio y Tiempo*. Ourense: Linteo.
2013. *Por obra del instante: entrevistas*. Sevilla: Fundación José Manuel Lara.
2014. *Vida (proyecto inacabado): Volumen I; días de mi vid*a. Valencia: Pre-textos.
2015. *Platero y yo*. Sevilla: Facediciones. [3ªed. No venal]
2017. *Marga*. Sevilla: Fundación José Manuel Lara.
2022. *Diario íntimo*. Sevilla: Athenaica.
2023. *Baladas y odas*. Sevilla: Fundación José Manuel Lara.

JIMÉNEZ, Juan Ramón y CAMPRUBÍ, Zenobia. 2017. *Monumento de amor: Epistolario y Lira: Juan Ramón Jiménez-Zenobia Camprubí, correspondencia 1913-1956*. Madrid: Residencia de Estudiantes.

JIMÉNEZ, Juan Ramón y LEZAMA LIMA, José. 2009. *Querencia americana*. La Habana: Espuela de plata.

JUARROS, César. 1920. *Tratamiento de la morfinomanía*. Madrid: Saturnino Calleja.

LÓPEZ CASTRO, Armando. 2007. *El instante azul*. Madrid: Ediciones Endymion.

LOZANO CÁMARA, Indalecio. 1990. *Tres tratados árabes sobre el Cannabis indica: textos para la historia del hachís en las sociedades islámicas S.XIII-XVI*. Madrid: Sociedad Española de Cooperación Internacional.

MARRERO BRIONES, Pedro y REINA RODRÍGUEZ, Tania Isabel. 2017. *El papel de la opinión sobre el medicamento en la adherencia al tratamiento*. Santa Cruz de Tenerife: Universidad de La Laguna.

MARTÍNEZ SIERRA, María. 2000. *Gregorio y yo: medio siglo de colaboración*. Valencia: Pre-textos.

MORA, Constancia de la. 2006. *Doble esplendor*. Madrid: Gadir.

OTT, Jonathan. 1998. *Pharmacophilia o los paraísos naturales*. Barcelona: Phantastica.

PALAU DE NEMES, Graciela. 1957. *Vida y obra de Juan Ramón Jiménez.* Madrid: Gredos.
1974. *Vida y obra de Juan Ramón Jiménez, 2. La poesía desnuda.* Madrid: Gredos.
PARAÍSO DE LEAL, Isabel. 1976. *Juan Ramón Jiménez: vivencia y palabra.* Madrid: Alhambra.
PRAT, Ignacio. 1986. *El muchacho despatriado.* Madrid: Taurus.
PREDMORE, Michael P. 1966. *La obra en prosa de Juan Ramón Jiménez.* Madrid: Biblioteca Gredos.
SÁENZ DE LA CALZADA, Margarita. 2011. *La residencia de estudiantes: los residentes.* Madrid: Residencia de Estudiantes.
SIRUELA, Jacobo. 2016. *Libros Secretos.* Madrid: Siruela.
SMITH, Huston. 2001. *La percepción divina: El significado de las substancias enteógenas.* Barcelona: Kairós.
TRAPIELLO, Andrés. 2010. *Las armas y las letras: literatura y guerra civil.* Barcelona: Destino.
URRUTIA, Jorge. 1986. *De la prehistoria de Juan Ramón Jiménez.* Sevilla: Universidad de Sevilla.
USÓ, Juan Carlos. 1996. *Drogas y cultura de masas (España 1855-1995).* Madrid: Taurus.
2001. *Un poeta psiquedélico: Miguel Ángel Velasco. Ulises: revista de viajes interiores.* p. 62/66.
2023. *El sol salió anoche y me cantó: El Experimento de Viernes Santo. Espiritualidad, ciencia y conciencia expandida.* Santander: El Desvelo Ediciones.
VALENTE, José Ángel. 2002. *Las palabras de la tribu.* Barcelona: Tusquets.
VELASCO, Miguel Ángel. 2003. *La miel salvaje.* Madrid: Visor.
VIDAL PARELLADA, Assumpció. 2007. *Luis Simarro y su tiempo.* Madrid: Consejo Superior de Investigaciones Científicas.
VV.AA. 1981. *Cuadernos Hispanoamericanos, 376-378.* Madrid: Instituto de Cooperación Iberoamericana.
1986. *La experiencia mística y los estados de conciencia.* Barcelona: Kairós.
1993. *Cuadernos de Zenobia y Juan Ramón, 8.* Madrid: Libros de Fausto.
2006a. *Juan Ramón Jiménez: premio Nobel 1956.* Madrid: Residencia de Estudiantes.
2006b. *Turia: revista cultural.* Número 77-78 [cartapacio: Juan Ramón Jiménez]. Teruel: *Turia. Revista cultural.*
YEATS, W.B. 2021. *Autobiografías.* Madrid: Reino de Cordelia

AGRADECIMIENTOS

A Fidel Moreno que publicó los esbozos de este libro.

A María Carvajal y Mónica Marín que depuraron el texto.

Al Universo Ulises.

A Eduardo Moga que abre horizontes a mi poesía.

A Juan Carlos Usó que mejoró mi vida.

A Mónica, por Camprubí

ÍNDICE

Este libro se publica en el mes de mayo de 2025 cuando se cumplen 67 años de la muerte de Juan Ramón Jiménez.